OEUVRES

DE

SULLY PRUDHOMME

OEUVRES

DE

SULLY PRUDHOMME

POÉSIES

1865-1866

Stances & Poèmes

PARIS

LIBRAIRIE ALPHONSE LEMERRE

23-33, PASSAGE CHOISEUL, 23-33

A

LÉON BERNARD-DEROSNE

Mon cher ami,

Notre affection mutuelle a si parfaitement mêlé ma jeunesse à la tienne que tu reconnaîtras, je l'espère, tes propres sentiments dans mon livre. Si l'expression qu'ils y trouvent ne te satisfait pas toujours, au moins me sauras-tu gré, toi qui me connais à fond, d'avoir toujours été sincère. Je voudrais que cette liberté fût discrète et n'offensât aucune foi, mais le doute est violent comme toute angoisse, et la conviction n'est pas souple. J'ai dit tout ce qui m'est venu au cœur, sans plus de réserve qu'avec toi.

SULLY PRUDHOMME.

AU LECTEUR

Quand je vous livre mon poème,
Mon cœur ne le reconnaît plus :
Le meilleur demeure en moi-même,
Mes vrais vers ne seront pas lus.

Comme autour des fleurs obsédées
Palpitent les papillons blancs,
Autour de mes chères idées
Se pressent de beaux vers tremblants ;

Aussitôt que ma main les touche
Je les vois fuir et voltiger,
N'y laissant que le fard léger
De leur aile frêle et farouche.

Je ne sais pas m'emparer d'eux
Sans effacer leur éclat tendre,
Ni, sans les tuer, les étendre,
Une épingle au cœur, deux à deux.

Ainsi nos âmes restent pleines
De vers sentis mais ignorés ;
Vous ne voyez pas ces phalènes,
Mais nos doigts qu'ils ont colorés.

STANCES

LA VIE INTÉRIEURE

LA VIE INTÉRIEURE

PRINTEMPS OUBLIÉ

Ce beau printemps qui vient de naître
A peine goûté va finir;
Nul de nous n'en fera connaître
La grâce aux peuples à venir.

Nous n'osons plus parler des roses :
Quand nous les chantons, on en rit;
Car des plus adorables choses
Le culte est si vieux qu'il périt.

Les premiers amants de la terre
Ont célébré Mai sans retour,
Et les derniers doivent se taire,
Plus nouveaux que leur propre amour.

Rien de cette saison fragile
Ne sera sauvé dans nos vers,
Et les cytises de Virgile
Ont embaumé tout l'univers.

Ah ! frustrés par les anciens hommes,
Nous sentons le regret jaloux
Qu'ils aient été ce que nous sommes,
Qu'ils aient eu nos cœurs avant nous.

LES CHAINES

J'ai voulu tout aimer, et je suis malheureux,
Car j'ai de mes tourments multiplié les causes ;
D'innombrables liens frêles et douloureux
Dans l'univers entier vont de mon âme aux choses.

Tout m'attire à la fois et d'un attrait pareil :
Le vrai par ses lueurs, l'inconnu par ses voiles ;
Un trait d'or frémissant joint mon cœur au soleil,
Et de longs fils soyeux l'unissent aux étoiles.

La cadence m'enchaîne à l'air mélodieux,
La douceur du velours aux roses que je touche ;
D'un sourire j'ai fait la chaîne de mes yeux,
Et j'ai fait d'un baiser la chaîne de ma bouche.

Ma vie est suspendue à ces fragiles nœuds,
Et je suis le captif des mille êtres que j'aime :
Au moindre ébranlement qu'un souffle cause en eux
Je sens un peu de moi s'arracher de moi-même.

LE VASE BRISÉ

A Albert Decrais.

Le vase où meurt cette verveine
D'un coup d'éventail fut fêlé ;
Le coup dut effleurer à peine :
Aucun bruit ne l'a révélé.

Mais la légère meurtrissure,
Mordant le cristal chaque jour,
D'une marche invisible et sûre
En a fait lentement le tour.

Son eau fraîche a fui goutte à goutte,
Le suc des fleurs s'est épuisé ;
Personne encore ne s'en doute ;
N'y touchez pas, il est brisé.

Souvent aussi la main qu'on aime,
Effleurant le cœur, le meurtrit;
Puis le cœur se fend de lui-même,
La fleur de son amour périt;

Toujours intact aux yeux du monde,
Il sent croître et pleurer tout bas
Sa blessure fine et profonde;
Il est brisé, n'y touchez pas.

L'HABITUDE

L'HABITUDE est une étrangère
Qui supplante en nous la raison :
C'est une ancienne ménagère
Qui s'installe dans la maison.

Elle est discrète, humble, fidèle,
Familière avec tous les coins ;
On ne s'occupe jamais d'elle,
Car elle a d'invisibles soins :

Elle conduit les pieds de l'homme,
Sait le chemin qu'il eût choisi,
Connaît son but sans qu'il le nomme,
Et lui dit tout bas : « Par ici. »

Travaillant pour nous en silence,
D'un geste sûr, toujours pareil,
Elle a l'œil de la vigilance,
Les lèvres douces du sommeil.

Mais imprudent qui s'abandonne
A son joug une fois porté !
Cette vieille au pas monotone
Endort la jeune liberté ;

Et tous ceux que sa force obscure
A gagnés insensiblement
Sont des hommes par la figure,
Des choses par le mouvement.

ROSÉES

A Paul Bouvard.

Je rêve, et la pâle rosée
Dans les plaines perle sans bruit,
Sur le duvet des fleurs posée
Par la main fraîche de la nuit.

D'où viennent ces tremblantes gouttes?
Il ne pleut pas, le temps est clair;
C'est qu'avant de se former, toutes,
Elles étaient déjà dans l'air.

D'où viennent mes pleurs? Toute flamme,
Ce soir, est douce au fond des cieux;
C'est que je les avais dans l'âme
Avant de les sentir aux yeux.

On a dans l'âme une tendresse
Où tremblent toutes les douleurs,
Et c'est parfois une caresse
Qui trouble, et fait germer les pleurs.

RENAISSANCE

Je voudrais, les prunelles closes,
Oublier, renaître, et jouir
De la nouveauté, fleur des choses,
Que l'âge fait évanouir.

Je resaluerais la lumière,
Mais je déplierais lentement
Mon âme vierge et ma paupière
Pour savourer l'étonnement ;

Et je devinerais moi-même
Les secrets que nous apprenons ;
J'irais seul aux êtres que j'aime
Et je leur donnerais des noms ;

Émerveillé des bleus abîmes
Où le vrai Dieu semble endormi,
Je cacherais mes pleurs sublimes
Dans des vers sonnant l'infini ;

Et pour toi, mon premier poème,
O mon aimée, ô ma douleur,
Je briserais d'un cri suprême
Un vers frêle comme une fleur.

Si pour nous il existe un monde
Où s'enchaînent de meilleurs jours,
Que sa face ne soit pas ronde,
Mais s'étende toujours, toujours...

Et que la beauté, désapprise
Par un continuel oubli,
Par une incessante surprise
Nous fasse un bonheur accompli.

L'IMAGINATION

J'imagine ! Ainsi je puis faire
Un ange sous mon front mortel !
Et qui peut dire en quoi diffère
L'être imaginé du réel ?

O mon intime Galatée,
Qui fais vivre en moi mon amour,
Par quelle terre es-tu portée ?
De quel soleil prends-tu le jour ?

L'air calme autour de moi repose,
Et cependant j'entends ta voix,
Je te baise, la bouche close,
Et, les yeux fermés, je te vois.

De quelle impalpable substance
Dans mon âme te formes-tu,
Toi qui n'as pas la consistance
D'une bulle au bout d'un fétu?

Forme pâle et surnaturelle,
Quel désir intense faut-il
Pour que la trempe corporelle
Fixe ton élément subtil,

Pour que ta beauté sorte et passe
Du ciel idéal au soleil,
Parmi les choses de l'espace
Qui subsistent dans mon sommeil?

Tu n'es jamais consolidée
Comme les formes du dehors...
Bien heureux les fous dont l'idée
Prend le solide éclat des corps!

Dans l'air ils font passer leurs songes
Par une fixe et sombre foi;
Leurs yeux mêmes croient leurs mensonges :
Ils sont plus créateurs que moi!

A L'HIRONDELLE

Toi qui peux monter solitaire
Au ciel, sans gravir les sommets,
Et dans les vallons de la terre
Descendre sans tomber jamais ;

Toi qui, sans te pencher au fleuve
Où nous ne puisons qu'à genoux,
Peux aller boire avant qu'il pleuve
Au nuage trop haut pour nous ;

Toi qui pars au déclin des roses
Et reviens au nid printanier,
Fidèle aux deux meilleures choses,
L'indépendance et le foyer ;

Comme toi mon âme s'élève
Et tout à coup rase le sol,
Et suit avec l'aile du rêve
Les beaux méandres de ton vol.

S'il lui faut aussi des voyages,
Il lui faut son nid chaque jour ;
Elle a tes deux besoins sauvages :
Libre vie, immuable amour.

LES BERCEAUX

Après le départ des oiseaux,
Les nids abandonnés pourrissent.
Que sont devenus nos berceaux?
De leur bois les vers se nourrissent.

Le mien traîne au fond des greniers,
L'oubli morne et lent le dévore;
Je l'embrasserais volontiers,
Car mon enfance y rit encore.

C'est là que j'avais nuit et jour,
Pour ciel de lit, des yeux de mère
Où mon âme épelait l'amour
Et ma prunelle la lumière.

Sur le cœur d'amis sûrs et bons,
Femmes sans tache, sur le vôtre,
C'est un berceau que nous rêvons
Sous une forme ou sous une autre.

Cet instinct de vivre blottis
Dure encore à l'âge où nous sommes;
Pourquoi donc, si tôt trop petits,
Berceaux, trahissez-vous les hommes?

COMME ALORS

Quand j'étais tout enfant, ma bouche
Ignorait un langage appris :
Du fond de mon étroite couche
J'appelais les soins par des cris ;

Ma peine était la peur cruelle
De perdre un jouet dans mes draps,
Et ma convoitise était celle
Qui supplie en tendant les bras.

Maintenant que sans être aidées
Mes lèvres parlent couramment,
J'ai moins de signes que d'idées :
On a changé mon bégaiement.

Et maintenant que les caresses
Ne me bercent plus quand je dors,
J'ai d'inexprimables tendresses,
Et je tends les bras comme alors.

LA MÉMOIRE

I

O Mémoire, qui joins à l'heure
La chaîne des temps révolus,
Je t'admire, étrange demeure
Des formes qui n'existent plus !

En vain tombèrent les grands hommes
Aux fronts pensifs ou belliqueux :
Ils se lèvent quand tu les nommes,
Et nous conversons avec eux ;

Et, si tu permets ce colloque
Avec les plus altiers esprits,
Tu permets aussi qu'on évoque
Les cœurs humbles qu'on a chéris.

Le présent n'est qu'un feu de joie
Qui s'écroule à peine amassé,
Mais tu peux faire qu'il flamboie
Des mille fêtes du passé ;

Le présent n'est qu'un cri d'angoisse
Qui s'éteint à peine poussé,
Mais tu peux faire qu'il s'accroisse
De tous les sanglots du passé ;

L'être des morts n'est plus visible,
Mais tu donnes au trépassé
Une vie incompréhensible,
Présent que tu fais d'un passé !

Quelle existence ai-je rendue
A mon père en me souvenant ?
Quelle est donc en moi l'étendue
Où s'agite ce revenant ?

Un sort différent nous sépare :
Comment peux-tu nous réunir,
A travers le mur qui nous barre
Le passé comme l'avenir ?

Qui des deux force la barrière?
Me rejoint-il, ou vais-je à lui?
Je ne peux pas vivre en arrière,
Il ne peut revivre aujourd'hui!

II

O souvenir, l'âme renonce,
Effrayée, à te concevoir;
Mais, jusqu'où ton regard s'enfonce,
Au chaos des ans j'irai voir;

Parmi les gisantes ruines,
Les bibles au feuillet noirci,
Je m'instruirai des origines,
Des pas que j'ai faits jusqu'ici.

Devant moi la vie inquiète
Marche en levant sa lampe d'or,
Et j'avance en tournant la tête
Le long d'un sombre corridor.

D'où vient cette folle? où va-t-elle?
Son tremblant et pâle flambeau
N'éclaire ma route éternelle
Que du berceau vide au tombeau.

Mais j'étais autrefois! Mon être
Ne peut commencer ni finir.
Ce que j'étais avant de naître,
N'en sais-tu rien, ô souvenir?

Rassemble bien toutes tes forces
Et demande aux âges confus
Combien j'ai dépouillé d'écorces
Et combien de soleils j'ai vus!

Ah! tu t'obstines à te taire!
Ton œil rêveur, clos à demi,
Ne suit point par delà la terre
Ma racine dans l'infini.

Cherchant en vain mes destinées,
Mon origine qui me fuit,
De la chaîne de mes années
Je sens les deux bouts dans la nuit.

L'histoire, passante oublieuse,
Ne m'a pas appris d'où je sors,
Et la terre silencieuse
N'a jamais dit où vont les morts.

ICI-BAS

Ici-bas tous les lilas meurent,
Tous les chants des oiseaux sont courts ;
Je rêve aux étés qui demeurent
    Toujours...

Ici-bas les lèvres effleurent
Sans rien laisser de leur velours ;
Je rêve aux baisers qui demeurent
    Toujours...

Ici-bas tous les hommes pleurent
Leurs amitiés ou leurs amours ;
Je rêve aux couples qui demeurent
    Toujours...

PENSÉE PERDUE

Elle est si douce, la pensée,
Qu'il faut, pour en sentir l'attrait,
D'une vision commencée
S'éveiller tout à coup distrait.

Le cœur dépouillé la réclame;
Il ne la fait point revenir,
Et cependant elle est dans l'âme,
Et l'on mourrait pour la finir.

A quoi pensais-je tout à l'heure?
A quel beau songe évanoui
Dois-je les larmes que je pleure?
Il m'a laissé tout ébloui.

Et ce bonheur d'une seconde,
Nul effort ne me l'a rendu;
Je n'ai goûté de joie au monde
Qu'en rêve, et mon rêve est perdu.

UN SONGE

A Jules Guiffrey.

J'étais mort, j'entrais au tombeau
Où mes aïeux rêvent ensemble.
Ils ont dit : « La nuit lourde tremble ;
Est-ce l'approche d'un flambeau,

« Le signal de la nouvelle ère
Qu'attend notre éternel ennui ?
— Non, c'est l'enfant, a dit mon père :
Je vous avais parlé de lui.

« Il était au berceau ; j'ignore
S'il nous vient jeune ou chargé d'ans.
Mes cheveux sont tout blonds encore,
Les tiens, mon fils, peut-être blancs ?

« — Non, père, au combat de la vie
Bientôt je suis tombé vaincu,
L'âme pourtant inassouvie :
Je meurs et je n'ai pas vécu.

« — J'attendais près de moi ta mère :
Je l'entends gémir au-dessus !
Ses pleurs ont tant mouillé la pierre
Que mes lèvres les ont reçus.

« Nous fûmes unis peu d'années
Après de bien longues amours ;
Toutes ses grâces sont fanées...
Je la reconnaîtrai toujours.

« Ma fille a connu mon visage :
S'en souvient-elle ? Elle a changé.
Parle-moi de son mariage
Et des petits-enfants que j'ai.

« — Un seul vous est né. — Mais toi-même,
N'as-tu pas de famille aussi?
Quand on meurt jeune, c'est qu'on aime :
Qui vas-tu regretter ici?

« — J'ai laissé ma sœur et ma mère
Et les beaux livres que j'ai lus;
Vous n'avez pas de bru, mon père;
On m'a blessé, je n'aime plus.

« — De tes aïeux compte le nombre :
Va baiser leurs fronts inconnus,
Et viens faire ton lit dans l'ombre
A côté des derniers venus.

« Ne pleure pas; dors dans l'argile
En espérant le grand réveil.
— O père, qu'il est difficile
De ne plus penser au soleil ! »

INTUS

Deux voix s'élèvent tour à tour
Des profondeurs troubles de l'âme :
La raison blasphème, et l'amour
Rêve un dieu juste et le proclame.

Panthéiste, athée ou chrétien,
Tu connais leurs luttes obscures ;
C'est mon martyre, et c'est le tien,
De vivre avec ces deux murmures.

L'intelligence dit au cœur :
« Le monde n'a pas un bon père.
Vois, le mal est partout vainqueur. »
Le cœur dit : « Je crois et j'espère.

« Espère, ô ma sœur, crois un peu :
C'est à force d'aimer qu'on trouve ;
Je suis immortel, je sens Dieu. »
— L'intelligence lui dit : « Prouve ! »

LES YEUX

A Francisque Gerbault.

Bleus ou noirs, tous aimés, tous beaux,
Des yeux sans nombre ont vu l'aurore;
Ils dorment au fond des tombeaux,
Et le soleil se lève encore.

Les nuits, plus douces que les jours,
Ont enchanté des yeux sans nombre;
Les étoiles brillent toujours,
Et les yeux se sont remplis d'ombre.

Oh! qu'ils aient perdu leur regard,
Non, non, cela n'est pas possible!
Ils se sont tournés quelque part
Vers ce qu'on nomme l'invisible;

Et comme les astres penchants
Nous quittent, mais au ciel demeurent,
Les prunelles ont leurs couchants,
Mais il n'est pas vrai qu'elles meurent.

Bleus ou noirs, tous aimés, tous beaux,
Ouverts à quelque immense aurore,
De l'autre côté des tombeaux
Les yeux qu'on ferme voient encore.

LE MONDE DES AMES

A R. Albaret.

Newton, voyant tomber la pomme,
Conçut la matière et ses lois :
Oh ! surgira-t-il une fois
Un Newton pour l'âme de l'homme ?

Comme il est dans l'infini bleu
Un centre où les poids se suspendent,
Ainsi toutes les âmes tendent
A leur centre unique, à leur Dieu.

Et comme les sphères de flammes
Tournent en s'appelant toujours,
Ainsi d'harmonieux amours
Font graviter toutes les âmes.

Mais le baiser n'est pas permis
Aux sphères à jamais lancées ;
Les lèvres, les regards amis
Joignent les âmes fiancées !

Qui sondera cet univers
Et l'attrait puissant qui le mène ?
Viens, ô Newton de l'âme humaine,
Et tous les cieux seront ouverts !

L'IDÉAL

A Paul Sédille.

La lune est grande, le ciel clair
Et plein d'astres, la terre est blême,
Et l'âme du monde est dans l'air.
Je rêve à l'étoile suprême,

A celle qu'on n'aperçoit pas,
Mais dont la lumière voyage
Et doit venir jusqu'ici-bas
Enchanter les yeux d'un autre âge.

Quand luira cette étoile, un jour,
La plus belle et la plus lointaine,
Dites-lui qu'elle eut mon amour,
O derniers de la race humaine !

LA POÉSIE

A Victor Géruzez.

Quand j'entends disputer les hommes
Sur Dieu qu'ils ne pénètrent point,
Je me demande où nous en sommes :
Hélas! toujours au même point.

Oui, j'entends d'admirables phrases,
Des sons par la bouche ennoblis ;
Mais les mots ressemblent aux vases :
Les plus beaux sont les moins remplis.

Alors, pour me sauver du doute,
J'ouvre un Euclide avec amour ;
Il propose, il prouve, et j'écoute,
Et je suis inondé de jour.

L'évidence, éclair de l'étude,
Jaillit, et me laisse enchanté !
Je savoure la certitude,
Mon seul vrai bonheur, ma santé !

Pareil à l'antique sorcière
Qui met, par le linéament
Qu'elle a tracé dans la poussière,
Un monde obscur en mouvement,

Je forme un triangle : ô merveille !
Le peuple des lois endormi
S'agite avec lenteur, s'éveille
Et se déroule à l'infini.

Avec trois lignes sur le sable
Je connais, je ne doute plus !
Un triangle est donc préférable
Aux mots sonores que j'ai lus ?

Non ! j'ai foi dans la Poésie :
Elle instruit par témérité ;
Elle allume sa fantaisie
Dans tes beaux yeux, ô Vérité !

Si le doigt des preuves détache
Ton voile aux plis multipliés,
Le vent des strophes te l'arrache,
D'un seul coup, de la tête aux pieds.

Et c'est pourquoi, toute ma vie,
Si j'étais poète vraiment,
Je regarderais sans envie
Képler toiser le firmament!

L'AME

A Alphonse Thévenin.

J'ai dans mon cœur, j'ai sous mon front
Une âme invisible et présente :
Ceux qui doutent la chercheront ;
Je la répands pour qu'on la sente.

Partout scintillent les couleurs,
Mais d'où vient cette force en elles ?
Il existe un bleu dont je meurs,
Parce qu'il est dans les prunelles.

Tous les corps offrent des contours,
Mais d'où vient la forme qui touche ?
Comment fais-tu les grands amours,
Petite ligne de la bouche ?

Partout l'air vibre et rend des sons,
Mais d'où vient le délice intime
Que nous apportent ces frissons
Quand c'est une voix qui l'anime ?

J'ai dans mon cœur, j'ai sous mon front
Une âme invisible et présente :
Ceux qui doutent la chercheront ;
Je la répands pour qu'on la sente.

LA FORME

A Maurice de Foucault.

Le soleil fut avant les yeux,
La terre fut avant les roses,
Le chaos avant toutes choses.
Ah! que les éléments sont vieux
Sous leurs jeunes métamorphoses!

Toute jeunesse vient des morts :
C'est dans une funèbre pâte
Que, toujours, sans lenteur ni hâte,
Une main pétrit les beaux corps
Tandis qu'une autre main les gâte;

Et le fond demeure pareil :
Que l'univers s'agite ou dorme,
Rien n'altère sa masse énorme ;
Ce qui périt, fleur ou soleil,
N'en est que la changeante forme.

Mais la forme, c'est le printemps :
Seule mouvante et seule belle,
Il n'est de nouveauté qu'en elle ;
C'est par les formes de vingt ans
Que rit la matière éternelle !

O vous, qui tenez enlacés
Les amoureux aux amoureuses,
Bras lisses, lèvres savoureuses,
Formes divines qui passez,
Désirables et douloureuses !

Vous ne laissez qu'un souvenir,
Un songe, une impalpable trace !
Si fortement qu'il vous embrasse,
L'Amour ne peut vous retenir :
Vous émigrez de race en race.

Époux des âmes, corps chéris,
Vous vous poussez, pareils aux fleuves ;
Vos grâces ne sont qu'un jour neuves,
Et les âmes sur vos débris
Gémissent, immortelles veuves.

Mais pourquoi vous donner ces pleurs ?
Les tombes, les saisons chagrines,
Entassent en vain des ruines
Sans briser le moule des fleurs,
Des fruits et des jeunes poitrines.

Pourquoi vous faire des adieux ?
Le même sang change d'artères,
Les filles ont les yeux des mères,
Et les fils le front des aïeux.
Non, vous n'êtes pas éphémères !

Vos modèles sont quelque part,
O formes que le temps dévore !
Plus pures vous brillez encore
Au paradis profond de l'art,
Où Platon pense et vous adore !

LA MALADE

A Alfred Dencus.

C'était au milieu de la nuit,
Une longue nuit de décembre;
Le feu, qui s'éteignait sans bruit,
Rougissait par moments la chambre.

On distinguait des rideaux blancs,
Mais on n'entendait pas d'haleine;
La veilleuse aux rayons tremblants
Languissait dans la porcelaine.

Et personne, hélas! ne savait
Que l'enfant fût à l'agonie;
De lassitude, à son chevet,
Sa mère s'était endormie.

Mais, pour la voir, tout bas, pieds nus,
Entr'ouvrant doucement la porte,
Ses petits frères sont venus...
Déjà la malade était morte.

Ils ont dit : « Est-ce qu'elle dort ?
Ses yeux sont fixes ; de sa bouche
Nul murmure animé ne sort ;
Sa main fait froid quand on la touche.

« Quel grand silence dans le lit !
Pas un pli des draps ne remue ;
L'alcôve effrayante s'emplit
D'une solitude inconnue.

« Notre mère est assise là ;
Elle est tranquille, elle sommeille :
Qu'allons-nous faire ? Laissons-la.
Que Dieu lui-même la réveille ! »

Et, sans regarder derrière eux,
Vite dans leurs lits ils rentrèrent :
Alors, se sentant malheureux,
Avec épouvante ils pleurèrent.

JEUNES FILLES

JEUNES FILLES

A MA SŒUR

Ces vers que toi seule aurais lus,
L'œil des indifférents les tente;
Sans gagner un ami de plus
J'ai donc trahi ma confidente.

Enfant, je t'ai dit qui j'aimais,
Tu sais le nom de la première;
Sa grâce ne mourra jamais
Dans mes yeux qu'avec la lumière.

Ah! si les jeunes gens sont fous,
Leur enthousiasme s'expie;
On se meurtrit bien les genoux
Quand on veut saluer la vie.

J'ai cru dissiper cet amour;
Voici qu'il retombe en rosée,
Et je sens son muet retour
Où chaque larme s'est posée.

LE MEILLEUR MOMENT
DES AMOURS

Le meilleur moment des amours
N'est pas quand on a dit : « Je t'aime. »
Il est dans le silence même
A demi rompu tous les jours ;

Il est dans les intelligences
Promptes et furtives des cœurs ;
Il est dans les feintes rigueurs
Et les secrètes indulgences ;

Il est dans le frisson du bras
Où se pose la main qui tremble,
Dans la page qu'on tourne ensemble
Et que pourtant on ne lit pas.

Heure unique où la bouche close
Par sa pudeur seule en dit tant;
Où le cœur s'ouvre en éclatant
Tout bas, comme un bouton de rose;

Où le parfum seul des cheveux
Paraît une faveur conquise!
Heure de la tendresse exquise
Où les respects sont des aveux.

UN SÉRAIL

J'AI mon sérail comme un prince d'Asie,
Riche en beautés pour un immense amour;
Je leur souris selon ma fantaisie :
J'aime éternellement la dernière choisie,
    Et je les choisis tour à tour.

  Ce ne sont pas ces esclaves traîtresses
  Que l'Orient berce dans la langueur;
  Ce ne sont pas de vénales maîtresses :
C'est un vierge harem d'amantes sans caresses,
    Car mon harem est dans mon cœur.

  N'y cherchez point les boîtes parfumées,
  Ni la guitare aux soupirs frémissants;
  Chants et parfums ne sont qu'air et fumées :
C'est ma jeunesse même, ô douces bien-aimées,
    Que je vous brûle pour encens!

Les gardiens noirs que le soupçon dévore
Selon mes vœux ne vous cacheraient pas;
Ma jalousie est plus farouche encore :
Elle est toute en mon âme, et le vent même ignore
Les noms que je lui dis tout bas.

MA FIANCÉE

L'épouse, la compagne à mon cœur destinée,
    Promise à mon jeune tourment,
Je ne la connais pas, mais je sais qu'elle est née ;
    Elle respire en ce moment.

Son âge et ses devoirs lui font la vie étroite ;
    Sa chambre est un frais petit coin ;
Elle y prend sa leçon, bien soumise et bien droite,
    Et sa mère n'est jamais loin.

Ma mère, parlez-lui du bon Dieu, de la Vierge
    Et des saints tant qu'il lui plaira ;
Oui, rendez-la timide, et qu'elle brûle un cierge
    Quand le tonnerre grondera.

Je veux, entendez-vous, qu'elle soit grave et tendre,
    Qu'elle chérisse et qu'elle ait peur ;
Je veux que tout mon sang me serve à la défendre,
    A la caresser tout mon cœur.

Déjà dans l'inconnu je t'épouse et je t'aime,
    Tu m'appartiens dès le passé,
Fiancée invisible et dont j'ignore même
    Le nom sans cesse prononcé.

A défaut de mes yeux, mon rêve te regarde,
    Je te soigne et te sers tout bas :
« Que veux-tu ? Le voici. Couvre-toi bien, prends garde
    Au vent du soir, et ne sors pas. »

Pour te sentir à moi je fais un peu le maître,
    Et je te gronde avec amour ;
Mais j'essuie aussitôt les pleurs que j'ai fait naître,
    Implorant ma grâce à mon tour.

Tu t'assiéras, l'été, bien loin, dans la campagne,
    En robe claire, au bord de l'eau.
Qu'il est bon d'emporter sa nouvelle compagne
    Tout seul dans un pays nouveau !

Et dire que ma vie est cependant déserte,
    Que mon bonheur peut aujourd'hui
Passer tout près de moi dans la foule entr'ouverte
    Qui se refermera sur lui,

Et que déjà peut-être elle m'est apparue,
    Et j'ai dit : « La jolie enfant ! »
Peut-être suivons-nous toujours la même rue,
    Elle derrière et moi devant.

Nous pourrons nous croiser en un point de l'espace,
    Sans nous sourire, bien longtemps,
Puisqu'on n'oserait dire à la vierge qui passe :
    « Vous êtes celle que j'attends. »

Un jour, mais je sais trop ce que l'épreuve en coûte,
    J'ai cru la voir sur mon chemin,
Et j'ai dit : « C'est bien vous. » Je me trompais sans doute,
    Car elle a retiré sa main.

Depuis lors, je me tais ; mon âme solitaire
    Confie au Dieu qui sait unir
Par les souffles du ciel les plantes sur la terre
    Notre union dans l'avenir.

A moins que, me privant de la jamais connaître,
La mort déjà n'ait emporté
Ma femme encore enfant, toi qui naissais pour l'être
Et ne l'auras jamais été.

SÉPARATION

Je ne devais pas vous le dire ;
Mes pleurs, plus forts que la vertu,
Mouillant mon douloureux sourire,
Sont allés sur vos mains écrire
L'aveu brûlant que j'avais tu.

Danser, babiller, rire ensemble,
Ces jeux ne nous sont plus permis :
Vous rougissez, et moi je tremble ;
Je ne sais ce qui nous rassemble.
Mais nous ne sommes plus amis.

Disposez de nous, voici l'heure
Où je ne puis vous parler bas
Sans que l'amitié change ou meure :
Oh ! dites-moi qu'elle demeure,
Je sens qu'elle ne suffit pas.

Si le langage involontaire
De mes larmes vous a déplu,
Eh bien, suivons chacun sur terre
Notre sentier : moi, solitaire,
Vous, heureuse, au bras de l'élu.

Je voyais nos deux cœurs éclore
Comme un couple d'oiseaux chantants
Éveillés par la même aurore ;
Ils n'ont pas pris leur vol encore :
Séparons-les, il en est temps ;

Séparons-les à leur naissance,
De crainte qu'un jour à venir,
Malheureux d'une longue absence,
Ils n'aillent dans le vide immense
Se chercher sans pouvoir s'unir.

LES ADIEUX

LES JEUNES FILLES

Amis, amis, nous voilà grandes;
Nos jours ont changé de saison.
Allez préparer vos offrandes,
Allez suspendre les guirlandes
A la porte de la maison.

Elle a sonné, l'heure fatale
Qu'on tremblait de voir approcher;
Des fleurs que la prairie étale
Semez la route triomphale
Où l'hymen en blanc va marcher.

LES JEUNES GENS

Quelle solitude est la nôtre !
Ou dans les bras de l'homme, ou dans les bras de Dieu,
Nos compagnes, hélas ! tombent l'une après l'autre.
　　Adieu !...

Un soir s'en va l'enfant aimée :
Sa vie en s'éteignant nous laisse un corps tout froid,
Comme d'un cierge pur la flamme parfumée
　　Décroît...

Un matin c'est une épousée :
Elle marche à l'autel, l'œil baissé mais vainqueur ;
Aux lèvres va fleurir la joie ensemencée
　　Au cœur !

Qu'êtes-vous, vierges de la veille ?
Ange ? épouse ? pour vous quel est le meilleur sort ?
Plus d'une ombre en passant nous répond à l'oreille :
　　« La mort... »

LES JEUNES FILLES

Pourquoi cette parole amère ?
Pourquoi ces pleurs dans vos adieux ?

La fille imite enfin sa mère;
Mais l'amitié reste sincère,
Bien qu'elle ait dû baisser les yeux.

Cherchez autour de vous laquelle
N'a pas reçu son maître un jour.
Le cœur se fixe où Dieu l'appelle;
Mais l'amitié reste fidèle,
Bien que le cœur ait un amour.

LES JEUNES GENS

Ah! vous nous oublierez avant demain sans doute!
Vierges, notre jeunesse est la rosée au vent :
Elle tombe avec vous de nos cœurs goutte à goutte;
Une seule en partant peut nous l'emporter toute
  Et n'en sait rien souvent.

Hélas! où voulez-vous que nous posions nos âmes,
Si vous changez de ciel, ô fleurs de la maison?
Que peuvent les vieillards, dispensateurs des blâmes,
Qui versent à toute heure et sur toutes nos flammes
  Comme une neige la raison?

Que peuvent nos amis, ceux que l'orgie entraîne,
De nos soupirs cachés insouciants moqueurs?
Ou ceux qui, délaissés, ressentent notre peine?
Que peuvent-ils pour nous? La gloire serait vaine
    A vous supplanter dans nos cœurs!

LES JEUNES FILLES

    Chacune de nous est l'aînée
    De sœurs qui la supplanteront;
Notre fleur d'oranger ne sera pas fanée
    Avant que leur seizième année
    Ne la demande pour leur front.

    Leurs jeux nous font encore envie,
    Ils vont nous être défendus;
A de graves devoirs doucement asservie,
    S'éloigne de vous notre vie;
    Peut-être ne rirons-nous plus...

LES JEUNES GENS

Puisque l'âge est passé des gaîtés familières,
Que la pudeur craintive a touché vos paupières

Et qu'on vous prend la main pour l'offrir à l'époux,
Puisque l'âge est passé des gaîtés familières,
   Mariez-vous.

Puisque Dieu lentement disperse les familles,
Ravit aux jeunes gens l'amour des jeunes filles
Et nous laisse gémir dans un ennui jaloux,
Puisque Dieu lentement disperse les familles,
   Mariez-vous.

Nous sommes des enfants, on vous promet des hommes,
D'un prospère foyer protecteurs économes,
Peut-être moins aimants, mais plus sages que nous ;
Nous sommes des enfants, on vous promet des hommes :
   Mariez-vous.

LES JEUNES FILLES

 Amis, votre âme n'est que tendre ;
 Rendez-la forte pour attendre,
 Pensez beaucoup et rêvez moins,
 La vierge ne peut vous entendre ;
 Portez à la vertu vos soins.

Vouez à quelque objet suprême
Un feu plus grand que l'amour même ;
Luttez pour devenir plus tôt
Des fiancés comme on les aime
Et des hommes comme il en faut.

JE NE DOIS PLUS

Je ne dois plus la voir jamais,
Mais je vais voir souvent sa mère;
C'est ma joie, et c'est la dernière,
De respirer où je l'aimais.

Je goûte un peu de sa présence
Dans l'air que sa voix ébranla;
Il me semble que parler là,
C'est parler d'elle à qui je pense.

Nulle autre chose que ses traits
N'y fixait mon regard avide;
Mais, depuis que sa chambre est vide,
Que de trésors j'y baiserais!

Le miroir, le livre, l'aiguille,
Et le bénitier près du lit...
Un sommeil léger te remplit,
O chambre de la jeune fille!

Quand je regarde bien ces lieux,
Nous y sommes encore ensemble;
Sa mère parfois lui ressemble
A m'arracher les pleurs des yeux.

Peut-être la croyez-vous morte?
Non. Le jour où j'ai pris son deuil,
Je n'ai vu de loin ni cercueil
Ni drap tendu devant sa porte.

RESSEMBLANCE

Vous désirez savoir de moi
D'où me vient pour vous ma tendresse;
Je vous aime, voici pourquoi :
Vous ressemblez à ma jeunesse.

Vos yeux noirs sont mouillés souvent
Par l'espérance et la tristesse,
Et vous allez toujours rêvant :
Vous ressemblez à ma jeunesse.

Votre tête est de marbre pur,
Faite pour le ciel de la Grèce
Où la blancheur luit dans l'azur :
Vous ressemblez à ma jeunesse.

Je vous tends chaque jour la main,
Vous offrant l'amour qui m'oppresse ;
Mais vous passez votre chemin...
Vous ressemblez à ma jeunesse.

IL Y A LONGTEMPS

Vous me donniez le bras, nous causions seuls tous deux,
Et les cœurs de vingt ans se font signe bien vite ;
J'en suis encore ému, fille blonde aux yeux bleus ;
Mais vous souviendrez-vous de ma courte visite?

Hélas! se souvient on d'un souffle parasite
Qui n'a fait que passer pour baiser les cheveux,
Du flot où l'on se mire, et de la marguerite
Confidente éphémère où s'effeuillent les vœux?

Une image en mon cœur peut périr effacée,
Mais non pas tout entière ; elle y devient pensée.
Je garde la douceur de vos traits disparus.

Que je me suis souvent éloigné, l'œil humide,
Avec l'adieu glacé d'une vierge timide
Que je chéris toujours et ne reverrai plus!

JOURS LOINTAINS

Nous recevions sa visite assidue ;
J'étais enfant. Jours lointains ! Depuis lors
La porte est close et la maison vendue :
    Les foyers vendus sont des morts.

Quand j'entendais son pas de demoiselle,
Adieu mes jeux ! Courant sur son chemin,
J'allais, les yeux levés tout grands vers elle,
    Glisser ma tête sous sa main.

Et quelle joie inquiète et profonde
Si je sentais une caresse au front !
Cette main-là, pas de lèvres au monde
    En douceur ne l'égaleront.

Je me souviens de mes tendresses vagues,
Des aveux fous que je jurais d'oser,
Lorsque, tout bas, rien qu'aux chatons des bagues
  Je risquais un fuyant baiser.

Elle a passé, bouclant ma chevelure,
Prenant ma vie ; et, comme inoccupés,
Ses doigts m'ont fait une étrange brûlure,
  Par l'âge de mon cœur trompés.

Comme l'aurore étonne la prunelle,
L'éveille à peine, et c'est déjà le jour :
Ainsi la grâce au cœur naissant nouvelle
  L'émeut, et c'est déjà l'amour.

EN DEUIL

C'est en deuil surtout que je l'aime.
Le noir sied à son front poli;
Et par ce front le chagrin même
    Est embelli.

Comme l'ombre le deuil m'attire,
Et c'est mon goût de préférer,
Pour amie, à qui sait sourire
    Qui peut pleurer.

J'aime les lèvres en prière;
J'aime à voir couler les trésors
D'une longue et tendre paupière
    Fidèle aux morts.

Vierge, heureux qui sort de la vie
Embaumés de tes pleurs pieux;
Mais plus heureux qui les essuie :
Il a tes yeux !

SONNET

A UNE BELLE ENFANT

Quand les heures pour vous prolongeant la sieste,
Toutes, d'un vol égal et d'un front différent,
Sur vos yeux demi-clos qu'elles vont effleurant,
Bercent de leurs pieds frais l'oisiveté céleste,

Elles marchent pour nous, et leur bande au pied leste,
Dans le premier repos, dès l'aube, nous surprend,
Pousse du pied les vieux et les jeunes du geste,
Sur les coureurs tombés passe comme un torrent;

Esclaves surmenés des heures trop rapides,
Nous mourrons n'ayant fait que nous donner des rides,
Car le beau sous nos fronts demeure inexprimé.

Mais vous, votre art consiste à vous laisser éclore,
Vous qui même en dormant accomplissez encore
Votre beauté, chef-d'œuvre ignorant, mais aimé.

FLEUR SANS SOLEIL

Ce qui la peut guérir, cette enfant le repousse.
« Oui, je l'aime, et j'en souffre, et ma douleur m'est douce,
    Dit-elle, et j'en veux bien mourir.
Sa voix me donne au cœur une vive secousse,
    Mais j'en tressaille avec plaisir.

« Son pas est différent du pas des autres hommes,
Et si j'entends ce bruit près des lieux où nous sommes,
    Ma mère, je rougis d'émoi ;
Quand tu parles de lui, quand surtout tu le nommes,
    Je baisse les yeux malgré moi.

« S'il connaissait le peu qui me rendrait heureuse,
S'il daignait embellir la tombe qu'il me creuse
    D'une fleur de son amitié !
Mais il croit que son âme est assez généreuse
    En m'honorant de sa pitié. »

Et sa mère, qui voit sa langueur maladive,
Sa paupière où sans cesse un pleur furtif arrive,
  Lui dit tout bas en la priant :
« Viens, quel plaisir veux-tu ? veux-tu que je te suive
  Sous un nouveau ciel plus riant ?

— Mon plaisir et mon ciel, mère, c'est ma pensée.
Son image en mon cœur doucement caressée,
  Voilà mon plaisir aujourd'hui ! »
Et la mère murmure : « Insensée, insensée,
  Tu ne seras jamais à lui. »

Ah! si jamais des pleurs dont je fusse la cause
Tombaient de tes yeux bleus sur ta poitrine rose,
  Jeune fille au naïf tourment;
Si ta main qui se donne et sur ton cœur se pose
  Pour moi sentait un battement;

Si dans ton âme pure où Dieu seul et ta mère
Gravent leurs noms bénis; si dans ce sanctuaire
  Mon image aussi pénétrait,
Et si tu restais là rêveuse et solitaire
  Pour en évoquer chaque trait;

Si je tenais si bien ta pensée asservie
Qu'un beau voyage au loin ne te fît point envie,
    Qu'un autre ciel ne te plût pas,
Et que l'air et le sol n'eussent pour toi de vie
    Que par ma voix et par mes pas,

Je te saurais aimer, toi dont l'âme ressemble
A la fleur qui dans l'ombre et se replie et tremble
    Et meurt sans le baiser du jour ;
« Viens, te dirais-je, viens, soyons heureux ensemble,
    Je t'adore pour ton amour. »

CONSOLATION

Une enfant de seize ans, belle, et qui, toute franche,
    Ouvrant ses yeux, ouvrait son cœur,
S'est inclinée un jour comme une fleur se penche,
    Agonisante deux fois blanche
    Par l'innocence et la langueur.

Ne parlez plus du monde à sa mère atterrée :
    Ce qui n'est pas noir lui déplaît ;
Ah! l'immense douleur que son amour lui crée
    N'est-elle pas aussi sacrée
    Qu'un seuil de tombe où l'on se tait ?

Vouloir la détourner de son culte à la morte,
    C'est toujours l'en entretenir,
Et la vertu des mots ne peut être assez forte
    Pour que leur souffle vide emporte
    Le plomb fixe du souvenir.

Mais surtout cachez-lui l'âge de votre fille,
    Ses premiers hivers triomphants
Au bal, où chaque mère a sa perle qui brille,
    Printemps des nuits où la famille
    Fête la beauté des enfants.

Ne soyez, en lavant sa blessure cruelle,
    Ni le flatteur des longs regrets,
Ni le froid raisonneur dont l'amitié querelle,
    Ni l'avocat de Dieu contre elle
    Qui saigne encor de ses décrets.

Mais soyez un écho dans une solitude,
    Toujours présent, toujours voilé ;
Faites de sa souffrance une invisible étude,
    Et si le jour lui semble rude
    Montrez-lui le soir étoilé.

La nature à son tour par d'invisibles charmes
    Forcera la peine au sommeil ;
Un jour on offre aux morts des fleurs au lieu de larmes.
    Que de désespoirs tu désarmes,
    Silencieux et fort soleil !

Vous ne distrairez pas les malheureuses mères,
    Tant qu'elles pleurent leurs enfants;
Les discours ni le bruit ne les soulagent guères :
    Recueillez leurs larmes amères,
    Aidez leurs soupirs étouffants :

Il faut que la douleur par les sanglots brisée
    Se divise un peu chaque jour,
Et dans les libres pleurs, dissolvante rosée,
    Sur le tombeau qui l'a causée
    S'épuise par un lent retour.

Alors le désespoir devient tristesse et plie,
    Le cœur moins serré s'ouvre un peu;
Ce nœud qui l'étreignait doucement se délie,
    Et l'âme retombe affaiblie,
    Mais plus sage et sereine en Dieu.

La douleur se repose, et d'étape en étape
    S'éloigne, et, prête à s'envoler,
Hésite au bord du cœur, lève l'aile et s'échappe;
    Le cœur s'indigne... Dieu qui frappe
    Use du droit de consoler.

MAL ENSEVELIE

Quand votre bien-aimée est morte,
Les adieux vous sont rendus courts;
Sa paupière est close, on l'emporte,
Elle a disparu pour toujours.

Mais je la vois, ma bien-aimée,
Qui sourit sans m'appartenir,
Comme une ombre plus animée,
Plus présente qu'un souvenir!

Et je la perds toute ma vie
En d'inépuisables adieux...
O morte mal ensevelie,
Ils ne t'ont pas fermé les yeux!

QUI PEUT DIRE

Qui peut dire : « Mes yeux ont oublié l'aurore » ?
Qui peut dire : « C'est fait de mon premier amour » ?
Quel vieillard le dira si son cœur bat encore,
S'il entend, s'il respire et voit encor le jour ?

Est-ce qu'au fond des yeux ne reste pas l'empreinte
Des premiers traits chéris qui les ont fait pleurer ?
Est-ce qu'au fond du cœur n'ont pas dû demeurer
La marque et la chaleur de la première étreinte ?

Quand aux feux du soleil a succédé la nuit,
Toujours au même endroit du vaste et sombre voile
Une invisible main fixe la même étoile
Qui se lève sur nous silencieuse et luit...

Telles je sens au cœur, quand tous les bruits du monde
Me laissent triste et seul après m'avoir lassé,
La présence éternelle et la douceur profonde
De mon premier amour que j'avais cru passé.

FEMMES

FEMMES

LA FEMME

Le premier homme est né, mais il est solitaire.
Il se sent l'âme triste en contemplant la terre :
« Pourquoi tant de trésors épars de tous côtés,
Si je ne peux, dit-il, étreindre ces beautés?
Ni les arbres mouvants, ni les vapeurs qui courent,
Je ne puis rien saisir des objets qui m'entourent;
Ils sont autres que moi, je ne les puis aimer,
Et j'en aimerais un que je ne sais nommer. »

Il demande un regard à l'aurore sereine,
Aux lèvres de la rose il demande une haleine,
Une caresse aux vents, et de plus tendres sons
Aux murmures légers qui montent des buissons;
Des grappes de lilas qu'un vol d'oiseau secoue
Il sent avec plaisir la fleur toucher sa joue,
Et, tourmenté d'un mal qu'il ne peut apaiser,
Il cherche vaguement le bienfait du baiser.
Mais un jour, à ses yeux, la nature féconde
De toutes les beautés qu'il admirait au monde
Fit un bouquet vivant, de jeunesse embaumé.
« O femme, viens à moi, s'écria-t-il charmé.
Femme, Dieu n'eût rien fait s'il n'eût fait que la rose;
La rose prend un souffle et ta bouche est éclose;
Dieu de tous les rayons dispersés dans les cieux
Concentre les plus doux pour animer tes yeux.
Avec l'or de la plaine et le lustre de l'onde
Il fait ta chevelure étincelante et blonde.
Il forme de ton front la paix et la splendeur
Avec un lis nouveau qu'il a nommé candeur,
Et du frémissement des feuilles remuées,
Du caprice des flots et du vol des nuées,
De tout ce que la grâce a d'heureux mouvement
Il forme ta caresse et ton sourire aimant;

Il choisit dans les fleurs les couleurs les plus belles
Pour en orner ton corps mobile et frais comme elles,
Et la terre n'a rien, ni l'onde, ni l'azur,
Qu'on ne possède en toi plus brillant et plus pur. »

LA PUBERTÉ

Lorsque la terre entra dans sa vingtième année,
Le premier des printemps couronna son repos,
L'air céleste s'emplit d'odeurs de matinée,
Et la mer, s'étalant, laissa crouler ses flots.

Ce jour-là, dans ta grâce, Ève, tu nous es née.
Depuis lors, comme un peuple innombrable d'échos,
Les couples, répétant ton baiser d'hyménée,
Célèbrent le désir dans la pudeur éclos.

Le cœur ne choisit pas la première qu'il aime,
Et n'importe son nom, sa foi, sa vertu même,
Son baiser c'est le tien qui renaît éternel!

Nous te rêvons présente, éblouis que nous sommes,
Et la virginité de tous les jeunes hommes,
C'est toi qui dans tes bras la remportes au ciel!

INCONSTANCE

O reine de mes bien-aimées,
Apprends que je les ai nommées
Des reines aussi tour à tour;
Chacune est belle et ne ressemble
A nulle autre, et toutes ensemble
Tu les as fait pâlir un jour.

J'aime toujours plus chaque amante;
Mais plus profondément charmante
Chacune me fait plus souffrir,
Et toi, la dernière venue,
Je t'aime moins que l'inconnue
Qui demain me fera mourir

L'ABIME

L'heure où tu possèdes le mieux
Mon être tout entier, c'est l'heure
Où, faible et ravi, je demeure
Sous la puissance de tes yeux.

Je me mets à genoux, j'appuie
Sur ton cœur mon front agité,
Et ton regard comme une pluie
Me verse la sérénité.

Car je devine sa présence,
Je le sens sur moi promené
Comme une subtile influence,
Et j'en suis comme environné...

Te dirai-je quel est mon rêve?
Je ne sais, l'univers a fui...
Quand tu m'appelles, je me lève
Égaré, muet, ébloui...

Et bien longtemps, l'âme chagrine,
Je regrette, ennemi du jour,
La douce nuit de ta poitrine
Où je m'abîmais dans l'amour.

SI J'ÉTAIS DIEU

Si j'étais Dieu, la mort serait sans proie,
Les hommes seraient bons, j'abolirais l'adieu,
Et nous ne verserions que des larmes de joie,
    Si j'étais Dieu.

Si j'étais Dieu, de beaux fruits sans écorces
Mûriraient, le travail ne serait plus qu'un jeu,
Car nous n'agirions plus que pour sentir nos forces,
    Si j'étais Dieu.

Si j'étais Dieu, pour toi, celle que j'aime,
Je déploierais un ciel toujours frais, toujours bleu,
Mais je te laisserais, ô mon ange, la même,
    Si j'étais Dieu.

DEVANT UN PORTRAIT

Des fluides moments nul ne voit le passage,
Et le printemps des jours s'éteint comme il est né;
C'est insensiblement, sur le fleuve de l'âge,
Qu'à la froide vieillesse un homme est entraîné.

Mais je me saurai vieux quand cette chère image
Ne me retiendra plus à sa grâce enchaîné
Et ne recevra plus ce douloureux hommage
D'un sentiment stérile à survivre obstiné :

Ah! ce jour-là, mon âme aura perdu son aile,
Mon cœur son sang, mes nerfs leur vie et leur ressort;
Je ne serai plus moi, n'existant plus pour elle.

A quelque homme nouveau j'aurai vendu mon sort,
Ma figure et mon nom, la cendre et l'étincelle,
Et je serai bien vieux, si je ne suis pas mort!

LES VOICI

Son heureux fiancé l'attend; moi je me cache.
Elle vient; je l'épie, en murmurant tout bas
Ce reproche, le seul que son oubli m'arrache :
    — Vous ne m'aimiez donc pas?

Les voici tous les deux : ils vont l'un près de l'autre,
Ils se froissent les doigts en cueillant des lilas.
— Vous oubliez le jour où ma main prit la vôtre;
    Vous ne m'aimiez donc pas?

Heureuse elle rougit, et le jeune homme tremble,
Et la douceur du rêve a ralenti leur pas.
— Vous oubliez le jour où nous errions ensemble;
    Vous ne m'aimiez donc pas?

Il s'est penché sur elle en murmurant : « Je t'aime !
Sur mon bras laisse aller, laisse peser ton bras. »
— Vous oubliez le jour où j'ai parlé de même ;
Vous ne m'aimiez donc pas ?

Oh ! comme elle a levé cet œil bleu que j'adore !
Elle m'a vu dans l'ombre et me sourit, hélas !
— Que vous ai-je donc fait pour me sourire encore
Quand vous ne m'aimez pas ?

JALOUSIE

Je ne me plaindrai point. La pâle Jalousie
Retient sa voix tremblante et pleure un sang muet.
Qu'ils vivent de longs jours, heureux sans poésie,
Et qu'un amour tranquille habite leur chevet!

Qu'il la possède bien, sans l'avoir désirée,
Par le droit seul, exempt du péril de l'aveu,
Sans cette passion folle et désespérée
Qui tente sur le vide une étreinte de feu!

Mais qu'insensiblement le réseau gris des rides
Fatigue le sourire et blesse les baisers;
Que les cheveux blanchis, les prunelles arides
N'offrent plus que l'hiver à des sens apaisés;

J'attends, moi, sa vieillesse, et j'en épierai l'heure;
Et ce sera mon tour; alors je lui dirai :
« Je vous chéris toujours, et toujours je vous pleure :
Reprenez un dépôt que je gardais sacré.

« Je viens vous rapporter votre jeunesse blonde :
Tout l'or de vos cheveux est resté dans mon cœur,
Et voici vos quinze ans dans la trace profonde
De mon premier amour patient, et vainqueur! »

SI JE POUVAIS

Si je pouvais aller lui dire :
« Elle est à vous et ne m'inspire
Plus rien, même plus d'amitié ;
Je n'en ai plus pour cette ingrate ;
Mais elle est pâle, délicate :
Ayez soin d'elle par pitié.

« Écoutez-moi sans jalousie,
Car l'aile de sa fantaisie
N'a fait, hélas ! que m'effleurer ;
Je sais comment sa main repousse,
Mais pour ceux qu'elle aime elle est douce :
Ne la faites jamais pleurer. »

Si je pouvais aller lui dire :
« Elle est triste et lente à sourire ;
Donnez-lui des fleurs chaque jour,
Des bluets plutôt que des roses :
C'est l'offrande des moindres choses
Qui recèle le plus d'amour. »

Je pourrais vivre avec l'idée
Qu'elle est chérie et possédée
Non par moi, mais selon mon cœur...
Méchante enfant qui m'abandonnes,
Vois le chagrin que tu me donnes :
Je ne peux rien pour ton bonheur !

SONNET

Le vers ne nous vient pas à toute heure et partout,
Et vous ne savez pas combien l'épreuve est rude
De mener sans malheur un sonnet jusqu'au bout
Sur un feuillet d'album impitoyable et prude.

Le plus chétif poète aime à chanter debout,
Seul, et sans contenir sa jeune inquiétude
Ni dépouiller jamais la divine habitude
D'apostropher son monde et de tutoyer tout.

Laissez donc librement voler sa fantaisie,
Car, s'il veut ici-bas goûter la poésie,
Il doit, l'infortuné, la dérober aux cieux ;

Mais vous, que cherchez-vous qui ne soit en vous-même ?
Quand on vous offrirait le plus exquis poème,
On vous rendrait les vers qu'on a lus dans vos yeux.

SONNET

A MADAME A. G. DE B.

J'ai l'âme de l'aiglon dont l'aile vigoureuse
Frémit d'impatience aux mains du ravisseur;
Il lui faut le soleil, la vie aventureuse,
Un vol indépendant ou le plomb du chasseur.

D'un climat sans beaux jours et d'une terre affreuse
L'exil amer pourtant ne m'est pas sans douceur;
Car l'amitié sait joindre, habile et généreuse,
Les bontés de ma mère aux grâces de ma sœur.

Et vous voulez savoir quel bienfaisant génie,
Égayant de ses yeux l'ombre de ma prison,
Me tint lieu de grand jour, et d'air et d'horizon?

Eh bien! c'est vous, madame, et vous êtes bénie
De suppléer si bien famille, amour, printemps,
Patrie et liberté dans les cœurs de vingt ans!

SONNET

Il a donc tressailli, votre adoré fardeau !
Un petit ange en vous a soulevé son aile ;
Vous vous êtes parlé : le berceau blanc l'appelle,
Et son image rit dans les fleurs du rideau.

Cet enfant sera doux, intelligent et beau,
Si chaque âme s'allume à l'âme maternelle,
Le cœur au feu du cœur et l'œil à la prunelle,
Comme un flambeau s'allume au toucher d'un flambeau.

Ainsi chacun de nous porte son cher poëme,
Chacun veut mettre au monde un double de soi-même,
Y déposer son nom, sa force et son amour.

Le plus heureux poëme est celui de la mère :
La mère sent Dieu même achever l'œuvre entière,
N'attend qu'un an sa gloire et n'en souffre qu'un jour !

SEUL

A Charles Lassis.

Le bonheur suit sa pente et rit
Sans témoins, comme un ruisseau coule :
Celui qu'une amante chérit
N'en parle jamais à la foule.

O bruit connu d'un léger pas,
Clair baiser d'une bouche rose,
Soupir qui ne se note pas,
Accent qui n'est ni vers ni prose!

Quel chant, quel trouble aérien
Est assez frais pour vous redire?
Ah! l'amour est un si grand bien
Que ses heureux n'ont pas de lyre!

Mais celui qui n'est pas aimé,
Qui ne peut embrasser personne,
Étreint un luth inanimé
Qui prenant sa vie en frissonne ;

Dans la gloire il cherche l'oubli
De sa solitude profonde,
Et d'un cœur qui n'est pas rempli
Tend la coupe infinie au monde.

LES VÉNUS

Je revenais du Louvre hier.
J'avais parcouru les portiques
Où le chœur des Vénus antiques
Se range gracieux et fier.

A ces marbres, divins fossiles,
Délices de l'œil étonné,
Je trouvais bon qu'il fût donné
Des palais de rois pour asiles.

Comme j'allais extasié,
Vint à passer une pauvresse;
Son regard troubla mon ivresse
Et m'emplit l'âme de pitié :

— Ah! m'écriai-je, qu'elle est pâle
Et triste, et que ses traits sont beaux!
Sa jupe étroite est en lambeaux;
Elle croise avec soin son châle;

Elle est nu-tête; ses cheveux,
Mal noués, épars derrière elle,
Forment leur onde naturelle :
Le miroir n'a pas souci d'eux.

Des piqûres de son aiguille
Elle a le bout du doigt tout noir,
Et ses yeux au travail du soir
Se sont affaiblis... Pauvre fille!

Hélas! tu n'as ni feu ni lieu;
Pleure et mendie au coin des rues :
Les palais sont pour nos statues,
Et tu sors de la main de Dieu!

Ta beauté n'aura point de temple.
On te marchandera ton corps;
La forme sans âme, aux yeux morts,
Seule est digne qu'on la contemple.

Dispute aux avares ton pain
Et la laine dont tu te couvres :
Les femmes de pierre ont des Louvres,
Les vivantes meurent de faim !

SONNET

Les villages sont pleins de ces petites filles
Roses avec des yeux rafraîchissants à voir,
Qui jasent en courant sous le toit du lavoir ;
Leur enfance joyeuse enrichit leurs guenilles ;

Mais elles vont bientôt se courber et s'asseoir,
Serves du champ pénible et des vives aiguilles ;
Les vierges ne sont pas, dans les pauvres familles,
Des colombes qu'un grain nourrit de l'aube au soir.

O mort, puisqu'une fois tu leur permis de naître,
Laisse-les vivre en paix leurs quinze ans pour connaître
Des premières amours le ravissant effroi ;

Puis tout à coup prends-les, prends-les toutes ensemble,
O Mort ! Paris les compte, il les guette, et je tremble
Que mon propre baiser ne les perde avant toi.

INCONSCIENCE

Cette femme a souri quand j'ai passé près d'elle.
Sait-elle qui je suis? Et si j'étais sans foi,
Sans honneur, sans amour, sans la moindre étincelle
De cœur ni d'âme! Elle eût encor souri pour moi...

Funeste et ravissante, à l'inconnu qui passe
Sa bouche offre un baiser de poison et de miel,
Et ses yeux bleus, mêlés d'impudeur et de grâce,
Provoquent à la honte avec l'azur du ciel.

Ne vous vantez jamais, ô femmes, d'être belles,
Car ce n'est pas à vous que l'homme en fait honneur;
Le jour pur et lointain qui luit dans vos prunelles
Ne prend pas sa lumière au feu de votre cœur;

Vous ignorez le beau dont vous portez la trace ;
Ce que disent vos yeux vous ne le savez pas :
Leur langage n'est point cette irritante audace
Qu'un vaniteux miroir leur enseigne tout bas.

Vous songiez au plaisir, à quelque absurde fête,
Au moment où vos corps nous ont manifesté
Dans les pas, et la taille, et le port de la tête,
Cette divine aisance et cette majesté.

N'ayez jamais d'orgueil de la douleur des hommes,
Quand vous les avez vus pleurer à vos genoux ;
Dieu, l'idéal rêvé, voit la peine où nous sommes :
Il sait bien que c'est lui qui nous tourmente en vous.

RENCONTRE

Je ne te raille point, jeune prostituée !
Tu vas l'œil provocant, le pied galant et prompt,
A travers le sarcasme et l'ignoble huée :
Ton immuable rire est plus fort que l'affront.

Et moi, je porte au bal le masque de mon front ;
J'y vais, l'âme d'amour à vingt ans dénuée,
Mendier des regards dans la blanche nuée
Des vierges dont jamais les cœurs ne choisiront.

Également parés et dédaignés de même,
Tu cherches ton dîner, moi j'ai besoin qu'on m'aime.
Qui voudra de ton corps ? l'amant heureux te fuit ;

Qui voudra de mon cœur ? l'ange aimé se retire...
Sommes-nous donc voués au glacial délire
Du Désespoir pâmé sur la Faim dans la nuit ?

HERMAPHRODITE

Il avait l'âme aride et vaine de sa mère,
L'œil froid du dieu voleur qui marche à reculons ;
Il promenait sa grâce, insouciante, altière,
Et les nymphes disaient : « Quel marbre nous aimons ! »

Un jour que cet enfant d'Hermès et d'Aphrodite
Méprisait Salmacis, nymphe du mont Ida,
La vierge, l'embrassant d'une étreinte subite,
Pénétra son beau corps si bien qu'elle y resta !

De surprise et d'horreur ses divines compagnes,
Qui dans cet être unique en reconnaissaient deux,
Comme un sphinx égaré dans leurs chastes montagnes,
Fuyaient ce double faune au visage douteux.

La volupté souffrait dans sa prunelle étrange,
Il faisait des serments d'une hésitante voix;
L'amour et le dédain par un hideux mélange
Dans son vague sourire étaient peints à la fois.

Son inutile sein n'offrait ni lait ni flamme;
En s'y posant, l'oreille, hélas! eût découvert
Un *cœur d'homme où chantait un pauvre cœur de femme*,
Comme un oiseau perdu dans un temple désert.

O symbole effrayant de ces unions louches
Où l'un des deux amants, sans joie et sans désir,
Fuit le regard de l'autre; où l'une des deux bouches
En goûtant les baisers sent l'autre les subir!

PLUS TARD

Depuis que la beauté, laissant tomber ses charmes,
N'a plus offert qu'un marbre à mon désir vainqueur;
Depuis que j'ai senti mes plus brûlantes larmes
    Rejaillir froides à mon cœur;

A présent que j'ai vu la volupté malsaine
Fléchir tant de beaux fronts qui n'ont pu se lever,
Et que j'ai vu parfois luire un enfer obscène
    Dans des yeux qui m'ont fait rêver,

La grâce me désole; et si, pendant une heure,
Le mensonge puissant des caresses m'endort,
Je m'éveille en sursaut, je m'en arrache et pleure :
    — Plus tard, me dis-je, après la mort!

Après les jours changeants, sur la terre éternelle,
Quand je serai certain que rien n'y peut finir,
Quand le Temps, hors d'haleine, aura brisé son aile
    Sur les confins de l'avenir!

Après les jours fuyants, voués à la souffrance,
Et quand aura grandi comme un soleil meilleur
Le point d'azur qui tremble au fond de l'espérance,
    Aube du ciel intérieur;

Quand tout aura son lieu, lorsque enfin toute chose,
Après le flux si long des accidents mauvais,
Pure, belle et complète, ayant tari sa cause,
    Vivra jeune et stable à jamais :

Alors, je t'aimerai sans retour sur la vie,
Sans rider le présent des regrets du passé,
Épouse que mon âme aura tant poursuivie,
    Et tu me tiendras embrassé!

MÉLANGES

MÉLANGES

LE LEVER DU SOLEIL

A Henri Schneider.

Le grand soleil, plongé dans un royal ennui,
Brûle au désert des cieux. Sous les traits qu'en silence
Il disperse et rappelle incessamment à lui,
Le chœur grave et lointain des sphères se balance.

Suspendu dans l'abîme, il n'est ni haut ni bas;
Il ne prend d'aucun feu le feu qu'il communique;
Son regard ne s'élève et ne s'abaisse pas;
Mais l'univers se dore à sa jeunesse antique.

Flamboyant, invisible à force de splendeur,
Il est père des blés, qui sont pères des races;
Mais il ne peuple point son immense rondeur
D'un troupeau de mortels turbulents et voraces.

Parmi les globes noirs qu'il empourpre et conduit
Aux blêmes profondeurs que l'air léger fait bleues,
La terre lui soumet la courbe qu'elle suit,
Et cherche sa caresse à d'innombrables lieues.

Sur son axe qui vibre et tourne, elle offre au jour
Son épaisseur énorme et sa face vivante,
Et les champs et les mers y viennent tour à tour
Se teindre d'une aurore éternelle et mouvante.

Mais les hommes épars n'ont que des pas bornés,
Avec le sol natal ils émergent ou plongent :
Quand les uns du sommeil sortent illuminés,
Les autres dans la nuit s'enfoncent et s'allongent.

Ah! les fils de l'Hellade, avec des yeux nouveaux
Admirant cette gloire à l'Orient éclose,
Criaient : Salut au dieu dont les quatre chevaux
Frappent d'un pied d'argent le ciel solide et rose!

Nous autres nous crions : Salut à l'Infini!
Au grand Tout, à la fois idole, temple et prêtre,
Qui tient fatalement l'homme à la terre uni,
Et la terre au soleil, et chaque être à chaque être!

Il est tombé pour nous, le rideau merveilleux
Où du vrai monde erraient les fausses apparences;
La science a vaincu l'imposture des yeux,
L'homme a répudié les vaines espérances;

Le ciel a fait l'aveu de son mensonge ancien,
Et, depuis qu'on a mis ses piliers à l'épreuve,
Il apparaît plus stable, affranchi de soutien,
Et l'univers entier vêt une beauté neuve.

LA CHANSON DE L'AIR

A l'Air, le dieu puissant qui soulève les ondes
    Et fouette les hivers,
A l'Air, le dieu léger qui rend les fleurs fécondes
    Et sonores les vers,
Salut ! C'est le grand dieu dont la robe flottante
    Fait le ciel animé ;
Et c'est le dieu furtif qui murmure à l'amante :
    « Voici le bien-aimé. »
C'est lui qui fait courir le long des oriflammes
    Les frissons belliqueux,
Et qui fait voltiger sur le cou blanc des femmes
    Le ruban des cheveux.
C'est par lui que les eaux vont en lourdes nuées
    Rafraîchir les moissons,

Qu'aux lèvres des rêveurs s'élèvent remuées
Les senteurs des buissons.
Il berce également l'herbe sur les collines,
Les flottes sur les mers ;
C'est le breuvage épars des feuilles aux poitrines,
L'esprit de l'univers.
Il va, toujours présent dans son immense empire
En tous lieux à la fois,
Renouveler la vie à tout ce qui respire,
Hommes, bêtes et bois ;
Et dans le froid concert des forces éternelles
Seul il chante joyeux,
Errant comme les cœurs, libre comme les ailes,
Et beau comme les yeux !

PAN

Je vais m'asseoir, l'été, devant les plaines vertes,
Solitaire, immobile, enchanté de soleil;
Ma mémoire dans l'air par d'insensibles pertes
Se vide; et, comme un sphinx aux prunelles ouvertes,
Je dors étrangement, et voici mon sommeil :

Ma poitrine s'arrête et plus rien n'y remue;
La volonté me fuit et je n'ai plus de voix;
Il entre dans ma vie une vie inconnue,
Ma figure demeure et ma personne mue :
Je suis et je respire à la façon des bois.

Mon sang paraît glisser en imitant la sève;
J'éprouve que ce monde est vraiment suspendu;
Quelque chose de fort avec lui me soulève;
Le regard veille en moi, mais tout le reste rêve.
O Nature, j'absorbe et je sens ta vertu!

Car je suis visité par le même génie
Qui court du blé des champs aux ronces des talus;
Avec tes nourrissons je bois et communie;
L'immense allaitement, source de l'harmonie,
Je l'ai goûté, ma mère, et ne l'oublierai plus.

Oh! que j'avais besoin de t'embrasser, ma mère,
Pour mêler à mon pain ton suc universel,
Ton âme impérissable à mon souffle éphémère,
Et ton bonheur fatal à ma libre misère,
Pour aimer par la terre et penser par le ciel!

NAISSANCE DE VÉNUS

Quand la mer eut donné ses perles à ma bouche,
Son insondable azur à mon regard charmant,
Elle m'a déposée, en laissant à ma couche
Sa fraîcheur éternelle et son balancement.

Je viens apprendre à tous que nul n'est solitaire,
Qu'Iris naît de l'orage et le souris des pleurs;
L'horizon gris s'épure, et sur toute la terre
L'Érèbe encor brûlant s'épanouit en fleurs.

Je parais, pour changer, reine des harmonies,
Les rages du chaos en flottantes langueurs;
Car je suis la beauté : des chaînes infinies
Glissent de mes doigts blancs au plus profond des cœurs.

Les parcelles de l'air, les atomes des ondes,
Divisés par les vents se joignent sur mes pas;
Par mes enchantements comme assoupis, les mondes
Se cherchent en silence et ne se heurtent pas.

Les cèdres, les lions me sentent, et les pierres
Trouvent, quand je les frappe, un éclair dans leur nuit;
Ardente et suspendue à mes longues paupières,
La vie universelle en palpitant me suit.

J'anime et j'embellis les hommes et les choses;
Au front des Adonis j'attire leur beau sang,
Et du sang répandu je fais le teint des roses;
J'ai le moule accompli de la grâce en mon flanc.

Moi, la grande impudique et la grande infidèle,
Toute en chaque baiser que je donne en passant,
De tout objet qui touche apportant le modèle,
J'apporte le bonheur à tout être qui sent.

PLUIE

Il pleut. J'entends le bruit égal des eaux;
Le feuillage, humble et que nul vent ne berce,
Se penche et brille en pleurant sous l'averse;
Le deuil de l'air afflige les oiseaux.

La bourbe monte et trouble la fontaine,
Et le sentier montre à nu ses cailloux.
Le sable fume, embaume et devient roux;
L'onde à grands flots le sillonne et l'entraîne.

Tout l'horizon n'est qu'un blême rideau;
La vitre tinte et ruisselle de gouttes;
Sur le pavé sonore et bleu des routes
Il saute et luit des étincelles d'eau.

Le long d'un mur, un chien morne à leur piste,
Trottent, mouillés, de grands bœufs en retard;
La terre est boue et le ciel est brouillard;
L'homme s'ennuie : oh! que la pluie est triste!

SOLEIL

A Charles Derosne.

Toute haleine s'évanouit,
La terre brûle et voudrait boire,
L'ombre est courte, immobile et noire,
Et la grande route éblouit.

Seules les abeilles vibrantes
Élèvent leurs bourdonnements
Qui semblent, enflés par moments,
Des sons de lyres expirantes.

On les voit, ivres de chaleur,
D'un vol traînant toutes se rendre
Au même tilleul et s'y pendre :
Elles tombent de fleur en fleur.

Un milan sur ses larges ailes
S'arrête : il prend un bain de feu ;
On voit tournoyer dans l'air bleu
Une vapeur d'insectes grêles.

Le soleil semble s'attarder ;
Ses traits, blancs d'une ardeur féconde,
Criblent en silence le monde,
Qui n'ose pas le regarder.

Une aigrette de flamme irise
Le tranchant des cailloux aigus,
Et la lumière aux yeux vaincus
A force d'éclat paraît grise.

Les bêtes, n'ayant plus de paix
Avec les taons qu'elles attirent,
Craignent la plaine, et se retirent
Sous la voûte des bois épais.

Couché, les paupières mi-closes,
Un homme étend ses membres las :
Il contemple, il ne pense pas,
Et son âme se mêle aux choses.

SILÈNE

A H. Chapu.

Silène boit. Sa tête est molle sur son cou ;
Dédaigneux d'un soutien, il s'incline et se cambre,
Tend sa coupe en tremblant, lui parle, y goûte l'ambre,
Et vante sa sagesse avec un œil de fou.

Il laisse au gré de l'âne osciller son enflure ;
L'essaim des nymphes rit sur le rideau des cieux :
Tendre, et les doigts errants dans une chevelure,
Il rend grâce à Bacchus qui rajeunit les vieux.

« Chante, chante ! » lui crie, en l'entourant de fête,
Le chœur de la vendange autour de lui dansant ;
Et les enfants, pendus au long poil de sa bête,
Le conjurent aussi de leur babil pressant.

Et lui : « Je chanterai ; mais les strophes dociles
Dans ma tête embaumée aussitôt fleuriront,
Si de ces beaux enfants la troupe aux mains agiles
Unit la rose au pampre et m'en orne le front. »

Ils volent, ravageant le bois et la prairie :
Toute charmille est nue où la bande a passé ;
Puis juchés sur son dos, qui les tolère et plie,
Ils le chargent de pampre à la rose enlacé.

« Chante ! — Je chanterai, si Daphné la farouche,
Nisa l'ingrate, Églé, Néère aux yeux divins,
Mêlent, pour allumer les chansons sur ma bouche,
Le feu de leurs baisers à la douceur des vins. »

Et toutes, comme on voit les jalouses abeilles
Sur un même bouton bruire et se poser,
Sur ses lèvres, qu'il offre encor de jus vermeilles,
Mêlent au feu du vin la douceur du baiser.

« Chante ! — Je vais chanter ; mais la rude secousse
Du pas de ma monture interromprait ma voix. »
Ses indulgents amis le portent sur la mousse,
Et le couchent à l'ombre au bord penchant du bois.

Alors tous, en couronne et l'oreille tendue,
Croient sentir s'éveiller et trembler doucement
La chanson comme un fruit à ses lèvres pendue :
Il s'en échappe un traître et large ronflement.

LES OISEAUX

Montez, montez, oiseaux, à la fange rebelles,
    Du poids fatal les seuls vainqueurs !
A vous le jour sans ombre et l'air ! à vous les ailes
Qui font planer les yeux aussi haut que les cœurs !

Des plus parfaits vivants qu'ait formés la nature,
    Lequel plus aisément plane sur les forêts,
Voit mieux se dérouler leurs vagues de verdure,
Suit mieux des quatre vents la céleste aventure,
    Et regarde sans peur le soleil d'aussi près ?

Lequel sur la falaise a risqué sa demeure
    Si haut qu'il vit sous lui les bâtiments bercés ?
Lequel peut fuir la nuit en accompagnant l'heure,
Si prompt qu'à l'occident les roseaux qu'il effleure,
    Quand il touche au levant, ne sont pas redressés ?

Fuyez, fuyez, oiseaux, à la fange rebelles,
    Du poids fatal les seuls vainqueurs !
A vous le jour, à vous l'espace ! à vous les ailes
Qui promènent les yeux aussi loin que les cœurs !

Vous donnez en jouant des frissons aux charmilles ;
Vos chantres sont des bois le délice et l'honneur ;
Vous êtes, au printemps, bénis dans les familles :
Vous y prenez le pain sur les lèvres des filles ;
Car vous venez du ciel et vous portez bonheur.

Les pâles exilés, quand vos bandes lointaines
Se perdent dans l'azur comme les jours heureux,
Sentent moins l'aiguillon de leurs superbes haines ;
Et les durs criminels chargés de justes chaînes
Peuvent encore aimer, quand vous chantez pour eux.

Chantez, chantez, oiseaux, à la fange rebelles,
    Du poids fatal les seuls vainqueurs !
A vous la liberté, le ciel ! à vous les ailes
Qui font vibrer les voix aussi haut que les cœurs !

LES FLEURS

O poète insensé, tu pends un fil de lyre
    A tout ce que tu vois,
Et tu dis : « Penchez-vous, écoutez, tout respire ! »
    Hélas ! non, c'est ta voix.

Les fleurs n'ont pas d'haleine ; un souffle errant qui passe
    Emporte leurs senteurs,
Et jamais ce soupir n'a demandé leur grâce
    Aux hivers destructeurs.

Et cependant les fleurs, d'une beauté si tendre,
    Sont-elles sans amour ?
Ne les voyez-vous pas à la chaleur s'étendre
    Et se porter au jour ?

L'aube au rire léger, leur mère et leur amie,
            Dissipe leur sommeil :
N'a-t-elle pu causer à la moins endormie
            Un semblant de réveil ?

Ne concevez-vous point l'âme libre d'idées,
            Un cœur, un cœur tout pur,
Des lèvres seulement vers la flamme guidées,
            Des fleurs cherchant l'azur ?

Dans la convalescence, où nous vivons comme elles,
            Nous laissant vivre en Dieu,
Le plus discret bonjour du soleil aux prunelles
            Nous fait sourire un peu ;

Quand la vie a pour nous ses portes demi-closes,
            Les plantes sont nos sœurs,
Nous comprenons alors le songe obscur des roses
            Et ses vagues douceurs ;

Nous sentons qu'il est doux de végéter encore,
            Tant affaibli qu'on soit,
Et de remercier un ami qu'on ignore
            D'un baiser qu'on reçoit.

Il est ainsi des fleurs, et ces frêles personnes
      Ont leurs menus désirs ;
Dans leur vie éphémère il est des heures bonnes :
      Elles ont des plaisirs.

La plante résignée aime où son pied demeure
      Et bénit le chemin,
Heureuse de s'ouvrir à tout ce qui l'effleure
      Et d'embaumer la main ;

De faire une visite en échangeant un rêve
      Sur le vent messager,
Ou d'offrir en pleurant le meilleur de sa sève
      A quelque amant léger ;

De dire : « Ah ! cueille-moi, je te rendrai jolie,
      Enfant qui peux courir ;
Cela fait voyager d'être par toi cueillie,
      Si cela fait mourir :

« Je veux aller au bal, et là dans un beau vase
      Régner avec langueur,
Voir le monde, et lui plaire, et finir dans l'extase,
      A l'ombre, sur un cœur. »

A DOUARNENEZ EN BRETAGNE

On respire du sel dans l'air,
Et la plantureuse campagne
Trempe sa robe dans la mer,
A Douarnenez en Bretagne.

A Douarnenez en Bretagne,
Les enfants rôdent par troupeaux;
Ils ont les pieds fins, les yeux beaux,
Et sainte Anne les accompagne.

Les vareuses sont en haillons,
Mais le flux roule sa montagne
En y berçant des papillons,
A Douarnenez en Bretagne.

A Douarnenez en Bretagne,
Quand les pêcheurs vont de l'avant,
Les voiles brunes fuient au vent
Comme hirondelles en campagne.

Les aïeux n'y sont point trahis;
Le cœur des filles ne se gagne
Que dans la langue du pays,
A Douarnenez en Bretagne.

CHANSON DE MER

Ton sourire infini m'est cher
Comme le divin pli des ondes,
Et je te crains quand tu me grondes,
    Comme la mer.

L'azur de tes grands yeux m'est cher :
C'est un lointain que je regarde
Sans cesse et sans y prendre garde,
    Un ciel de mer.

Ton courage léger m'est cher :
C'est un souffle vif où ma vie
S'emplit d'aise et se fortifie,
    L'air de la mer.

Enfin ton être entier m'est cher,
Toujours nouveau, toujours le même;
O ma Néréide, je t'aime
        Comme la mer!

UNE AURORE

A Paul Colin.

Le phare sent mourir ses lueurs argentées,
Et du golfe arrondi les pentes enchantées
Vont se dorer dans l'aube où le regard les perd.
Les villages marins dorment. L'Océan vert,
Qui n'a pas de sommeil, fait sa grande descente.
Il réclame son lit, et de loin gémissante
L'onde écume; elle accourt, s'écroule en s'étalant,
Couvre le fin tapis du sable étincelant,
Et, par un lent retour lavant la plage lisse,
Sous l'onde renaissante, à bout de force, glisse.
Sur la sphère liquide aux éclairs de métaux
Une invisible main fait pencher les bateaux.
Il passe des zéphyrs pleins de fraîcheurs salées.
Et voici que là-bas, par monts et par vallées,

Volent des hommes nus sur des chevaux sans mors;
Leur galop vers la mer en laboure les bords,
Et de leur bain hardi les joyeuses tempêtes
Aux panaches des flots mêlent les crins des bêtes.

LA FALAISE

Deux hommes sont montés sur la haute falaise;
Ils ont fermé les yeux pour écouter la mer :
« J'entends le paradis pousser des clameurs d'aise.
Et moi j'entends gémir les foules de l'enfer. »

Alors, épouvantés des songes de l'ouïe,
Ils ont rouvert les yeux sous le même soleil.
L'Océan sait parler, selon l'âme et la vie,
Aux hommes différents avec un bruit pareil.

L'OCÉAN

L'Océan blesse la pensée :
Par la fuite des horizons
Elle se sent plus offensée
Que par la borne des prisons ;

Et les prisons dans leurs murailles
N'ont bruits de chaînes ni sanglots
Pareils au fracas de ferrailles
Que font dans les rochers les flots.

Il faut tenir des mains de femme
Quand on rêve au bord de la mer ;
Alors les horreurs de la lame
Rendent chaque baiser plus cher ;

Alors l'inévitable espace,
Dont l'attrait m'épuise aujourd'hui,
De l'esprit que sa grandeur passe,
Descend au cœur grand comme lui !

Et là tout l'infini demeure,
Toute la mer et tout le ciel !
L'amour qu'on te jure à cette heure,
O femme, est immense, éternel.

LA POINTE DU RAZ

Au bout du sombre Finistère,
D'énormes rochers au pied noir
Protègent contre l'eau la terre.
On les entend parler le soir :

« Hélas ! depuis combien d'années
Brisons-nous l'onde au même lieu ?
Toutes les pierres sont damnées,
Les vivants seuls plaisent à Dieu.

« Pour qui faisons-nous sentinelle ?
Pour des favoris étrangers !
Et notre ruine éternelle
Garantit leurs toits passagers.

« Les jours de ces fragiles choses
Ne seront-ils jamais finis ?
Qu'ils s'achèvent ! La fin des roses
Sera le repos des granits.

« Mais patience ! La rancune
Est l'âme du vieil Océan ;
Depuis bien des retours de lune
Le déluge prend son élan ! »

LE LONG DU QUAI

Le long du quai les grands vaisseaux,
Que la houle incline en silence,
Ne prennent pas garde aux berceaux
Que la main des femmes balance.

Mais viendra le jour des adieux ;
Car il faut que les femmes pleurent
Et que les hommes curieux
Tentent les horizons qui leurrent.

Et ce jour-là les grands vaisseaux,
Fuyant le port qui diminue,
Sentent leur masse retenue
Par l'âme des lointains berceaux.

LA NÉRÉIDE

A Émile Javal.

Vierge, ton corps, luisant de la fraîcheur marine,
Où l'apporta la vague est à peine arrêté.
A tes mobiles bras, au pli de ta narine
On devine ta race et ta divinité ;
O fille de Nérée, on voit que ta poitrine
Se polit au flot grec durant l'éternité.

Ta bouche est plus qu'humaine, et tes vives prunelles
Sont divines ! Leurs feux feraient mûrir nos fruits.
On sent que le caprice est olympique en elles ;
La nature en a fait l'ombre et les étincelles
Avec les éléments des soleils et des nuits :
Ceux qui t'ont regardée, ô nymphe, tu les suis.

Divins aussi tes doigts, artisans de caresse,
Effilés, arrondis par le baiser du flux.
Nous n'en comprenons pas l'opulente paresse :
Nos mains ont travaillé six mille ans révolus,
Et depuis six mille ans la même faim nous presse
Et nous dévorerait si nous ne semions plus.

Nos ancres, en mordant les ténèbres salées,
Ont trouvé plus d'horreur en descendant plus bas.
Elles n'ont pas atteint ces lointaines vallées
Qu'un jour magique emplit, qui roulent sur tes pas
Des ruisseaux de brillants qui ne tarissent pas,
Des sables de corail et d'or dans leurs allées.

Pour nous la mer est triste, et sur les lents vaisseaux
Pleure la solitude aux sombres épouvantes ;
Toi, tu glisses gaîment dans tes profonds berceaux,
Et les molles forêts des campagnes mouvantes
Viennent palper ton sein de leurs lèvres vivantes
Sous les plafonds vitreux et bourdonnants des eaux.

Tu fuis, laissant traîner ta large tresse blonde ;
Ta corbeille de nacre aux tournantes cloisons
Murmure, en moissonnant d'étranges floraisons,

Les lis bleus, les cactus et les roses de l'onde ;
Et jamais les jardins de ce merveilleux monde
N'éprouvent les retours de nos courtes saisons.

Quand notre jour finit, ton aurore commence :
Las d'un brûlant chemin, las d'espace et d'éther,
Le dieu qui fait frémir nos blés dans leur semence
Descend avec délice au fond du lit amer ;
L'abîme vert se teint d'une rougeur immense,
Et tout le firmament s'éveille dans la mer.

C'est l'heure où la sirène enchanteresse attire
Les imprudents rêveurs à la poupe inclinés,
Où sur le dos glissant de son affreux satyre
La naïade poursuit les astres entraînés,
Où les monstres nageurs explorent leur empire,
En promenant leurs dieux qui sont les premiers nés.

Leurs dieux leur ont gardé la liberté première,
Quand le jeune chaos, plus hardi que les lois,
Mêlant la terre au ciel et l'onde à la lumière,
Lâchait toute matière au hasard de son poids,
Et, brisant toute écorce où l'âme est prisonnière,
Laissait tous les amours s'échapper à la fois.

Maintenant tout est las, et l'ardente nature
S'affaisse et s'abandonne aux bras morts de l'ennui ;
L'astre accepte son cours, le rocher sa structure,
L'éléphant colossal regrette l'âge enfui ;
Car tous les grands rôdeurs de la haute verdure
S'en vont ; des troupeaux vils broutent l'herbe aujourd'hui.

L'Etna dort, et les vents balancent leur fouet lâche ;
La terre est labourée ; à chaque endroit son nom,
Sa ville et ses chemins. L'Océan seul dit : « Non !
Sois riche, ô Terre esclave, en faisant bien ta tâche ;
Je fais ce que je veux. Si ta splendeur me fâche,
J'irai poser ma perle au front du Parthénon ;

« Je franchirai mes murs, si vous passez les vôtres,
Mortels, fils des Caïns et des Deucalions ;
Heurtant vos sapins creux les uns contre les autres,
J'ai vengé votre Dieu de vos rébellions ;
J'ai, comme Orphée, Homère et vos plus grands apôtres,
Sur les monts à mes pieds fait pleurer les lions... »

L'Océan gronde ainsi ; toi, sa nymphe chérie,
Tu ne t'alarmes pas de son courroux divin :
Si ses flots obstinés, redoublant de furie,

En déluge nouveau se répandaient enfin,
Fraîche et levant la tête au fond des mers fleurie,
Tu presserais encore un immortel dauphin!

LES OUVRIERS

A Louis-Xavier de Ricard.

Sur un chemin qu'entoure le néant,
Dans des pays que nul verbe ne nomme,
Chaque astre, mû par des bras de géant,
Roule, poussé comme un roc par un homme.

Terres sans nombre, étoiles et soleils,
Tous, prisonniers d'orbites infinies,
Rouges ou bleus, ténébreux ou vermeils,
Vont lourdement sous l'effort des Génies.

On voit marcher en silence ces blocs.
Quels forts dompteurs, ô monstres, sont les vôtres !
Pas un ne bronche, et sans écarts ni chocs,
Ils tournent tous les uns autour des autres.

Ils tournent tous; un archange au milieu
Conduit, debout, les formidables rondes;
Il crie, il frappe, et la comète en feu
N'est que l'éclair de son fouet sur les mondes!

Il fait bondir les fainéants du ciel,
Il ne veut pas qu'un atome demeure;
A sa main gauche un pendule éternel
Tombe et retombe, et sonne à chacun l'heure.

Holà, Pollux! où vas-tu, Procyon?
Plus vite, Algol! Aldébaran, prends garde!
Mercure, à toi! Saturne, à l'action!
Dieu vous attend et Képler vous regarde.

Et les géants plissent leurs fronts chagrins;
Désespérés, ils pleurent et gémissent
En se ruant de l'épaule et des reins;
Les sphères fuient et les axes frémissent.

A l'œuvre! à l'œuvre! ou gare le chaos!
Leur poids les tire au centre de l'espace,
Où l'inertie offre un lâche repos
A la matière éternellement lasse.

Mesurez bien les printemps, les hivers,
L'égal retour des mois et des années :
Un seul retard changerait l'univers
Et briserait toutes les destinées.

Alternez bien les ombres, les lueurs,
Pour ménager tous les yeux qui les goûtent...
Nul peuple, hélas! ne songe à vos sueurs,
Au long travail que les matins vous coûtent.

Chaque planète à la grâce du sort
Vit, sans bénir les soleils qui remontent ;
Une moitié trafique et l'autre dort,
Et sur demain les multitudes comptent!

LE GALOP

Agite, bon cheval, ta crinière fuyante ;
Que l'air autour de nous se remplisse de voix !
Que j'entende craquer sous ta corne bruyante
Le gravier des ruisseaux et les débris des bois !

Aux vapeurs de tes flancs mêle ta chaude haleine,
Aux éclairs de tes pieds ton écume et ton sang !
Cours, comme on voit un aigle en effleurant la plaine
Fouetter l'herbe d'un vol sonore et frémissant !

« Allons, les jeunes gens, à la nage ! à la nage ! »
Crie à ses cavaliers le vieux chef de tribu ;
Et les fils du désert respirent le pillage,
Et les chevaux sont fous du grand air qu'ils ont bu !

Nage ainsi dans l'espace, ô mon cheval rapide,
Abreuve-moi d'air pur, baigne-moi dans le vent;
L'étrier bat ton ventre, et j'ai lâché la bride,
Mon corps te touche à peine, il vole en te suivant.

Brise tout, le buisson, la barrière ou la branche;
Torrents, fossés, talus, franchis tout d'un seul bond;
Cours, je rêve, et sur toi, les yeux clos, je me penche...
Emporte, emporte-moi dans l'inconnu profond!

INCANTATION

La nuit claire bleuit les feuillages tremblants,
Pose un crêpe mouillé sur les roses bruyères,
Fait luire les talus comme des linges blancs,
Baigne les ravins d'ombre, et d'azur les clairières.

Dans son nimbe nacré la lune resplendit,
Large et lente, effaçant les profondes étoiles ;
La colline se hausse et le vallon grandit ;
L'air froissé d'un vent tiède a des frissons de voiles.

La forêt, fraîche encore après un long soleil,
Répand sa jeune odeur et son goût de résines,
Et grave, balancée en un demi-sommeil,
Écoute chez les morts travailler les racines.

Et le pâtre endormi savoure le repos
En un grand palais d'or fait par la main d'un songe.
Mais voici qu'on entend d'eux-mêmes les échos
S'appeler d'un cri pur que le désert prolonge...

Un rire, plus léger que n'est le rire humain,
Vole; un soupir le suit; toute la terre chante,
Et tout le ciel devine, en tressaillant soudain,
Qu'une magicienne aux yeux puissants l'enchante.

Un silence effrayant, brusque, interrompt les voix;
Les astres étonnés s'arrêtent tous ensemble;
Puis une autre musique étrange monte; il semble
Que la terre et le ciel s'ébranlent à la fois.

Oui, c'est le bercement d'une valse très lente;
La forêt en subit l'irrésistible élan :
Elle va, les prés vont, et la lune indolente
Marche, et le zodiaque entraîne l'Océan.

Les vaisseaux, gracieux comme des jeunes filles,
S'éloignent en cadence et deux à deux des ports,
Et, comme en un bassin circuleraient des billes,
Les îles en tournant voyagent bords à bords.

Mais la vitesse accrue avec l'hymne de joie
Précipite la ronde et fait siffler les airs ;
Le sol chancelle et fuit, le firmament tournoie,
Un effréné vertige emporte l'univers.

Dans sa course, la mer, sous les vents qui la rasent,
Allume son phosphore aux subtiles clartés ;
Les étoiles rayant l'immensité l'embrasent,
Et l'arc-en-ciel des nuits rougit ses flots lactés.

C'est la magicienne aux yeux forts qui les guide ;
Debout, elle figure autour d'elle à ses pieds
Un cercle accru toujours et toujours plus rapide
Qui les charme et les traîne à sa vertu liés.

Des poils d'ours et du sang bouillonnent dans un vase.
Cette femme qui tourne enroule à chaque tour
Ses cheveux sur son corps, toute pâle d'extase.
Enfin d'épuisement elle tombe. Il fait jour...

La face des ruisseaux brille sous les yeuses ;
Le pâtre réveillé se dresse vers le ciel.
Il se dit : « J'ai rêvé des choses merveilleuses. »
Et le monde est rentré dans son ordre éternel.

LE TRAVAIL

A Émile Ferrière.

L'humanité fragile a fait ses destinées.
Cette race aux pieds blancs, aux tempes satinées,
Laboure avec l'espoir d'un immense loisir,
Plus grande sans bonheur que son Dieu sans désir.
Cette vie éphémère, insatiable et tendre,
Qui lui fut imposée, elle a su la défendre ;
Et son dur créateur, l'affamant sans pitié,
Père avare d'amour n'est père qu'à moitié.
Mais, s'il croit que son œuvre est parfaite, qu'il dorme !
Nous lutterons plus beaux contre la terre informe,
L'eau du ciel, et des nuits le tombeau quotidien.
Nous sommes, c'est assez, nous ne voulons plus rien ;
Nous prenons son ébauche à ce point ; qu'il abdique !
Nous acceptons de lui cette faveur unique

Que tous les lendemains soient exacts au réveil,
Et que toujours sauvés des ombres du sommeil
Nous retrouvions toujours la tâche commencée,
L'air, et nos seuls flambeaux, l'azur et la pensée.

MON CIEL

A Adolphe Lepley.

J'aime d'un ciel de mai la fraîcheur et la grâce ;
Mais, quand sur l'infini mon cœur a médité,
Je ne peux pas longtemps affronter de l'espace
La grandeur, le silence et l'immobilité.

Pascal sombre et pieux me rend pusillanime,
Il me donne la peur et me laisse effaré
Quand il porte au zénith et lâche dans l'abîme
L'homme superbe et vain, misérable et sacré.

Comme le nouveau-né, dont le regard novice
Dans l'ombre du néant paraît encor nager,
Par un avide instinct s'attache à sa nourrice
Et fuit dans sa poitrine un visage étranger ;

Comme le moribond sur ce qui l'environne
Porte des yeux troublés par la funèbre nuit,
Et, dans l'éternité suspendu, se cramponne
A l'heure, à la minute, à l'instant qui s'enfuit;

Ainsi, devant le ciel où j'épelle un mystère,
Jouet de l'ignorance et du pressentiment,
J'appuie, épouvanté, mes mains contre la terre;
Ma bouche avec amour la presse aveuglément.

Tremblant, je me resserre en mon étroite place
Je ne veux respirer qu'en mon humble milieu;
Il ne m'appartient pas de voir le ciel en face :
La profondeur du ciel est un regard de Dieu;

Non de ce Dieu vivant qui parle dans la Bible,
Mais d'un Dieu qui jamais n'a frappé ni béni,
Et dont la majesté dédaigneuse et paisible
Écrase en souriant l'homme pauvre et fini.

Garde au faîte sacré ta solitude altière,
O Maître indifférent dans ta force endormi;
Moi, je suis homme, il faut que je souffre et j'espère;
J'ai besoin de pleurer sur le front d'un ami.

A moi l'ombre des bois où le rayon scintille,
A toi du jour d'en haut l'immense égalité;
A moi le nid bruyant de ma douce famille,
A toi l'exil jaloux dans ta froide unité.

Tu peux être éternel, il est bon que je meure :
L'évanouissement est frère de l'amour;
J'ai laissé quelque part mes dieux et ma demeure :
Le charme de la mort est celui du retour.

Mais ce n'est pas vers toi que la mort nous ramène :
Tes puissants bras sont faits pour ceindre l'univers;
Ils sont trop étendus pour une étreinte humaine,
Nul n'a senti ton cœur battre en tes flancs déserts.

Non, le paradis vrai ressemble à la patrie :
Mon père en m'embrassant m'y viendra recevoir;
J'y foulerai la terre, et ma maison chérie
Réunira tous ceux qui m'ont dit : Au revoir.

En moi je sentirai les passions renaître
Et la chaude amitié qui ne trahit jamais,
Et tu m'y souriras la première peut-être,
O toi qui sans m'aimer as su que je t'aimais!

Mais je n'y veux pas voir la nature amollie
Par la tiède fadeur d'un éternel printemps :
J'y veux trouver l'automne et sa mélancolie,
Et l'hiver solennel, et les étés ardents.

Voilà mon paradis, je n'en conçois pas d'autre :
Il est le plus humain s'il n'est pas le plus beau ;
Ascètes, purs esprits, je vous laisse le vôtre,
Plus effrayant pour moi que la nuit du tombeau.

A UN TRAPPISTE

Mon corps, vil accident de l'éternel ensemble ;
Mon cœur, fibre malade aux souffrantes amours ;
Ma raison, lueur pâle où la vérité tremble ;
Mes vingt ans, pleurs perdus dans le torrent des jours :

Voilà donc tout mon être ! et pourtant je rassemble
Ma volonté, ma force, et mes instants si courts,
Pour illustrer ma vie, et la gloire me semble
Un rempart où la mort s'arrêtera toujours.

Et vous, vous ne voyez, mon frère, dans la gloire
Que d'un mérite vain la palme dérisoire,
Caprice de la foule et du temps et du lieu.

Dédaigneux des vertus que le monde renomme,
Vous dites que la gloire est l'estime de l'homme,
Et que la paix de l'âme est l'estime de Dieu.

SONNET

A JOSEPH DE LABORDE

En ce moment, peut-être, un fils de l'Italie
Maudit l'égalité d'un firmament trop pur;
Il désire la France, où la femme est jolie,
Où le vol du nuage égaye un tiède azur.

Et moi, je suis en France et je songe à Tibur;
Je hais nos jours troublés, le bruit de notre vie;
La femme est belle à Rome, et je me meurs d'envie
De fuir nos froids soleils et notre ciel obscur.

Ainsi vont se croisant les vains soupirs des hommes.
Nous nous plaindrons toujours de la place où nous sommes,
Nos pieds ont leur patrie et nos rêves la leur.

La jeune fantaisie est féconde en merveilles,
Mais où l'on doit aimer les peines sont pareilles :
On quitte son pays, on emporte son cœur.

LE PASSÉ

Parfois à mon Passé je vais dire à l'oreille :
« Je ne suis pas heureux, parlons des premiers jours. »
Et le dormeur couché que ma prière éveille
Se dresse avec lenteur en frottant ses yeux lourds.

Puis joyeux, rajustant ses printaniers atours,
Encore un peu lassé des fêtes de la veille,
Il vole, et me conduit de merveille en merveille
Sous des cieux oubliés pleins de ses nuits d'amours.

Il rallume les feux, remplit de vin la coupe,
Met à flot la gondole, orne de fleurs la poupe,
Se renverse en chantant, et bat le flot qui dort ;

Et je veux l'embrasser, mais je ne prends pas garde
Que tout en souriant mon Passé me regarde
D'un œil terne, immobile, où je sens qu'il est mort.

LA TRACE HUMAINE

Nous marchons : devant nous la poussière se lève,
Elle reçoit nos pas et les ensevelit ;
Mais l'espace nous suit sans rupture ni trêve :
Il sait quel long voyage un seul homme accomplit.

Tant de pieds ont déjà foulé la même place
Que les grains du pavé ne les nombreraient pas.
Si chaque homme après soi laissait partout sa trace,
Quels bizarres circuits vous feriez sur ses pas !

L'un vous imposerait un va-et-vient fidèle
De son lit au comptoir, du comptoir à son lit ;
L'autre vous mènerait, de semelle en semelle,
De son grenier natal au palais qu'il remplit.

Vous iriez de la Bourse au parapet du fleuve,
D'un seuil tendu de noir au rendez-vous d'amour,
Et de combien d'enfants la marque toute neuve
Finirait brusquement sans suite et sans retour!

Hélas! prompte et mêlée, ou lente et solitaire,
Par chaque homme traînée aussi loin qu'il a pu,
La trace disparaît en un point de la terre,
Comme un fil embrouillé, subitement rompu.

Mais je crois que ce fil de nos vagabondages
Fuit par delà ce monde et n'est jamais cassé,
Et qu'il relie entre eux dans la nuit des vieux âges
D'innombrables soleils où nous avons passé.

L'OMBRE

A José-Maria de Heredia.

Notre forme au soleil nous suit, marche, s'arrête,
Imite gauchement nos gestes et nos pas,
Regarde sans rien voir, écoute et n'entend pas,
Et doit ramper toujours quand nous levons la tête.

A son ombre pareil, l'homme n'est ici-bas
Qu'un peu de nuit vivante, une forme inquiète
Qui voit sans pénétrer, sans inventer répète,
Et murmure au Destin : « Je te suis où tu vas. »

Il n'est qu'une ombre d'ange, et l'ange n'est lui-même
Qu'un des derniers reflets tombés d'un front suprême ;
Et voilà comment l'homme est l'image de Dieu.

Et loin de nous peut-être, en quelque étrange lieu,
Plus proche du néant par des chutes sans nombre,
L'ombre de l'ombre humaine existe, et fait de l'ombre.

PAYSAN

A François Millet.

Que voit-on dans ce champ de pierres?
Un paysan souffle, épuisé;
Le hâle a brûlé ses paupières;
Il se dresse, le dos brisé;
Il a le regard de la bête
Qui, dételée enfin, s'arrête
Et flaire, en allongeant la tête,
Son vieux bât qu'elle a tant usé.

La Misère, étreignant sa vie,
Le courbe à terre d'une main,
Et, fermant l'autre, le défie
D'en ôter, sans douleur, son pain.

Il est la chose à face humaine
Qu'on voit à midi dans la plaine
Travailler, la peau sous la laine
Et les talons dans le sapin.

Soyez riches sans trop de joie ;
Soyez savants, mais sans fierté :
L'heureux a cru choisir la voie
Où de doux fleuves l'ont porté.
On hérite d'un sang qu'on vante ;
On rencontre ce qu'on invente ;
Et je cherche avec épouvante
Les œuvres de ma liberté...

Brave homme, le rire et les larmes
Sont mêlés par le sort distrait ;
Nous flottons tous, dans les alarmes,
Du vain espoir au vain regret.
Et, si ta vie est un supplice,
Nos lois ont un divin complice :
Fait-on le mal avec délice ?
Fait-on le bien comme on voudrait ?

AU BAL DE L'OPÉRA

IMPRESSION

En place pour le chaud quadrille !
    En avant l'ivrogne et la fille !
Qu'on se désarticule et qu'on se déshabille !
    Car l'homme est l'être le plus beau,
Le seul dont l'âme espère et se dise immortelle,
    Le seul qui lève sa semelle
    A la hauteur de son cerveau,
Qui s'ennuie en plein jour et qui rie aux étoiles,
    Qui soit en rut sans gravité,
Le seul des animaux qui se soit fait des voiles
    Pour jouir de la nudité !

SURSUM

A Léon Renault.

On dit qu'importuné dans la paix de sa glace
Le mont Blanc voit gravir tous les ans sa paroi
Par des aventuriers pleins d'orgueil et d'effroi,
Et la foule murmure : « A quoi bon cette audace ? »

Là, dans l'éternité, tombe, s'amasse et dort
La neige au morne éclat, ce deuil blanc des montagnes
Qui souffrent d'assister aux saisons des campagnes
Et de subir l'ennui d'un immuable sort.

Ici, la vie abonde, active, aimante et belle,
La querelle des vents est la gaîté de l'air ;
Le soleil, qui plus haut laisse planer l'hiver,
N'est chaud que pour la plaine et fécond que pour elle.

Pourquoi, fuyant l'été, gagner les sommets froids,
Poursuivre en longs circuits de rares échappées,
Suspendre la frayeur aux pentes escarpées,
Et s'efforcer au ciel par des sentiers étroits?

Toujours le ciel se ferme aux bornes de la terre;
Rien ne sert, pour l'ouvrir, d'élargir l'horizon.
Aimons plutôt : le cœur a besoin de prison :
Dès que le mur s'éloigne, il se sent solitaire.

Ainsi, les yeux levés, pâle, sans air ni feu,
Monte aux faîtes muets l'âpre Philosophie,
Et la Volupté roule au vallon de la vie,
Sans songer qu'elle y boit dans la coupe de Dieu.

Mais, tous les ans encor, des hommes fous d'espace
Iront, la pique au poing, sur les plateaux des monts
D'où volent les regards, jetés comme des ponts
Qui portent l'âme à Dieu sur le printemps qui passe.

Là, ces fiers pèlerins n'ont d'ombre que la leur;
Nul ne rit de l'extase où leur âme se noie;
Et, s'ils n'entendent plus les hymnes de la joie,
Ils ne frémissent plus des cris de la douleur.

Ils sont loin des savants dont la main sèche tremble,
Loin des hommes de doute heureux d'un vain baiser;
Mais, forts d'un grave amour, ils viennent seuls poser
Sur l'immense inconnu l'œil et le cœur ensemble.

Ils n'ont pas de repos s'ils ne l'embrassent tout.
La brume quelquefois les aveugle et les trempe.
Ils vont. La plaine utile est un trésor qui rampe;
Les monts sont des déserts, mais des déserts debout.

A UN DÉSESPÉRÉ

Tu veux toi-même ouvrir ta tombe:
Tu dis que sous ta lourde croix
Ton énergie enfin succombe;
Tu souffres beaucoup, je te crois.

Le souci des choses divines
Que jamais tes yeux ne verront
Tresse d'invisibles épines
Et les enfonce dans ton front.

Tu répands ton enthousiasme
Et tu partages ton manteau;
A ta vaillance le sarcasme
Attache un risible écriteau.

Tu demandes à l'âpre étude
Le secret du bonheur humain,
Et les clous de l'ingratitude
Te sont plantés dans chaque main.

Tu veux voler où vont tes rêves
Et forcer l'infini jaloux,
Et tu te sens, quand tu t'enlèves,
Aux deux pieds d'invisibles clous.

Ta bouche abhorre le mensonge,
La poésie y fait son miel ;
Tu sens d'une invisible éponge
Monter le vinaigre et le fiel.

Ton cœur timide aime en silence,
Il cherche un cœur sous la beauté ;
Tu sens d'une invisible lance
Le fer froid percer ton côté.

Tu souffres d'un mal qui t'honore ;
Mais vois tes mains, tes pieds, ton flanc :
Tu n'es pas un vrai Christ encore,
On n'a pas fait couler ton sang ;

Tu n'as pas arrosé la terre
De la plus chaude des sueurs ;
Tu n'es pas martyr volontaire,
Et c'est pour toi seul que tu meurs.

INDÉPENDANCE

Pour vivre indépendant et fort
Je me prépare au suicide;
Sur l'heure et le lieu de ma mort
Je délibère et je décide.

Mon cœur à son hardi désir
Tour à tour résiste et succombe :
J'éprouve un surhumain plaisir
A me balancer sur ma tombe.

Je m'assieds le plus près du bord
Et m'y penche à perdre équilibre;
Arbitre absolu de mon sort,
Je reste ou je pars. Je suis libre.

Il est bon d'apprendre à mourir
Par volonté, non d'un coup traître :
Souffre-t-on, c'est qu'on veut souffrir;
Qui sait mourir n'a plus de maître.

SUR UN VIEUX TABLEAU

A Alfred Ruffin

C'est, à peu près, Montmartre, en été, les dimanches :
    Jérusalem rayonne au loin ;
Les gibets sont bien droits sur des dalles bien blanches ;
    Le brin d'herbe est fait avec soin ;
Un fort joli sentier conduit à la montagne,
    Ceux-ci viennent, ceux-là s'en vont ;
Une fillette a l'air de dire à sa compagne :
    « Viens-tu voir là-haut ce qu'ils font ? »
On sent la cruauté des fêtes triviales :
    Sous les mourants verts et ridés,
Des soldats efflanqués aux lèvres joviales
    Se penchent sur un coup de dés.

Marie est sans beauté, car la vieillesse est laide;
 Elle faiblit tout simplement;
Un groupe désolé pleure et lui vient en aide,
 Et c'est sublime exactement.
Enfin l'artiste est là (car il s'est peint lui-même),
 Casque en tête, au bas du tableau;
Il saluerait son Dieu, si par candeur suprême
 Il ne se fût peint en bourreau.

Ainsi le peuple court, la ville est très vivante,
 Pendant que Jésus boit son fiel.
Tout est vrai, tout est simple. Une chose épouvante:
 Le bleu limpide et froid du ciel.
C'est moins ce front pâli, mordu par les épines,
 Cet œil noyé d'un pleur vermeil,
Ce sont moins ces soudards aux sordides rapines
 Qui navrent, que ce plat soleil.
Il est affreux de voir, en face du martyre,
 Le médiocre aller son train;
On sent que l'Espérance à pas lents se retire,
 Prise d'un dédaigneux chagrin.
Oh! par pitié, la foudre, et les vents, et la pluie!
 Le ciel a sa tâche à remplir :
Ce Christ est mort, c'est fait; qu'au moins son Dieu l'essuie

Après l'avoir laissé salir !
Qu'il défende à l'azur de jouer sur ses côtes,
　　A son sang noir de dégoutter !
Que tous ces paysans rachetés de leurs fautes
　　Aient un peu l'air de s'en douter !
Qu'on voie au noir zénith resplendir une palme,
　　Et tous les spectres se lever
Pour accuser le jour d'avoir avec ce calme
　　Laissé ce crime s'achever !

Mais le cri de Jésus ne troublait point les mondes :
　　Ils sont esclaves de leur poids ;
Et les os demeuraient dans les bières profondes,
　　Car c'est de la chaux dans du bois.
Le Golgotha brillait, car les rayons solaires
　　Laissent l'ombre dans les lieux bas ;
Les badauds allaient voir, car les hommes d'affaires
　　Pour un pendu ne sortent pas ;
Une mère pleurait, l'événement l'explique :
　　Son fils mourait, bien qu'il fût Dieu ;
Elle avait mal compris cette métaphysique,
　　Car les femmes raisonnent peu.
Ces bourreaux devaient tous frapper dans l'ignorance,
　　Car le Juif était condamné,

Mettre au sort son manteau pour tous sans préférence,
            Puisqu'ils l'avaient tous profané.
Le peintre a bien surpris, dans son horreur naïve,
            Le vrai moment du désespoir :
Quand le monde est bruyant et la lumière vive,
            Le fond du cœur muet et noir ;
Quand parmi ces passants tout entiers à la vie
            Seul on souhaite et craint la mort,
Qu'on porte à la matière une ironique envie
            Comme si l'idée avait tort,
Et qu'on est près d'aller mendier la justice
            Comme l'aumône et le pardon,
Parce que l'âme enfin doute et se rapetisse
            Dans le néant de l'abandon.
Dans les premiers venus vous rêviez des apôtres :
            Ils se sont sauvés, les peureux !
A moins qu'ils n'aient vendu votre pensée aux autres
            Sous un verbe scellé par eux.
Vous croyez que le peuple est en secret fidèle
            Aux révoltés de la vertu :
Non, il résiste au bien comme une citadelle,
            Sans même l'avoir combattu.
Quand il vous a souillé le front et la tunique,
            Donné le sceptre de bois vert,

Il trouve merveilleux que la place publique
.   Vous charme moins que le désert.
Harangueur d'un flot tiède et qui toujours recule,
     Vous lui dites : « J'aime et je crois ! »
Vos attendrissements vous ont fait ridicule
     Jusque dans les douleurs de croix.

TOUJOURS

Tu seras éternellement,
Qu'on te nomme esprit ou matière;
Cette vie est un court moment
De l'existence tout entière.

Prends une pierre et brise-la,
Prends les morceaux, mets-les en poudre :
La même pierre est toujours là,
Tu ne peux rien que la dissoudre;

Livre ton âme à des amours
Qui la brisent et l'exténuent :
Elle demeure, elle est toujours,
Il n'est point de maux qui la tuent.

En te perçant le cœur tu fuis;
Mais l'assassin reste : c'est elle,
Obstinée à crier : « Je suis! »
Et cruellement immortelle.

D'un ciel rêvé toujours banni,
Cloué par l'étude au mystère,
Sans but ni halte, à l'infini
Tu traîneras de terre en terre.

Tu ne peux mourir qu'un moment,
Un fouet voltige sur ton somme...
Oh! penser éternellement!
Je suis épouvanté d'être homme.

EN AVANT

Ce qui nous épuise et nous tue,
C'est moins l'objet que le désir :
C'est la beauté de la statue,
La beauté qu'on ne peut saisir;

La vérité qui se dérobe;
L amour au cœur qui brûle seul;
La vertu dont la froide robe
A quelque chose du linceul;

L'ambition cherchant sa voie,
Et la jeunesse qu'on sent fuir
Sans gloire, hélas! même sans joie,
Avant qu'on en ait su jouir.

O volupté calme et profonde
Des amours qui sont nés sans pleurs,
Volupté saine comme une onde
Qui chante sur un lit de fleurs!

Fraîche obscurité des cabanes
Humbles à l'ombre des sommets!
Les rêveurs sont donc des profanes,
Qu'ils ne vous connaîtront jamais?

Hélas! ces biens sont en arrière;
Laissons-les là-bas, insensés!
L'innocence en est la barrière;
Marchons, nous les avons passés.

Jamais les songeurs n'y reviennent;
Parfois du bonheur ingénu,
En soupirant, ils se souviennent,
Mais ils marchent à l'inconnu.

Dans la forêt de l'ignorance,
Plaintifs, perdus comme le vent,
Ils vont, l'orgueil et l'espérance
Leur criant toujours : « En avant! »

Ils vont jusqu'à l'heure où succombe
Leur cruel et stérile effort ;
S'ils s'arrêtent, c'est dans la tombe,
Et, s'ils ont la paix, c'est la mort.

SÉSAME

Quand chaque nuit d'ardente veille
Avancerait d'un jour ma mort,
Ma volonté serait pareille
D'ébranler le cœur par l'oreille,
Et je mourrais dans un accord.

J'ai bien payé dans ma journée
Le tribut des bras au labour;
La nuit change ma destinée,
Et dans mon âme illuminée
Seul je descends avec amour.

« Ouvre-toi, Sésame ! » La porte
Aussitôt roule sur ses gonds.
J'entre et j'appelle : à ma voix forte
Mon peuple innombrable m'escorte,
Sombres pensers et rêves blonds.

Et nous allons à perdre haleine
(L'âme a la profondeur des cieux);
Là je traîne Hector dans la plaine,
Je lave les pieds blancs d'Hélène,
Je jure en tutoyant les dieux!

Sous le sceptre du roi d'Ithaque
Je brise un Thersite ennuyeux;
J'apostrophe un roi, je l'attaque,
Et, l'œil chargé d'un voile opaque,
Il tombe en nommant ses aïeux.

Je n'ai qu'à vouloir et vous êtes,
Et je vous bâtis des palais,
Vierges pures, j'orne vos têtes
Et je vous convie à des fêtes
Dont vous ne rougissez jamais.

Là, loin des cupidités viles
Qui divisent les cœurs étroits,
J'aime à fonder d'immenses villes
Où sur des tables immobiles
Les devoirs ont borné les droits.

Ainsi, rêvant des lois meilleures,
Compagnon des plus grands mortels,
Dans mon âme aux vastes demeures
Je m'abîme, oubliant les heures,
Le vrai monde et les maux réels...

Mais l'aube ordonne que j'en sorte...
O ciel! j'ai laissé fuir au vent,
Dans le délire qui m'emporte,
Le mot qui fait tourner la porte,
Et me voilà muré vivant!

POEMES

POÈMES

LE JOUG

A Georges Lafenestre.

Quand le jeune cheval vient de quitter sa mère,
Parce qu'il a senti l'horizon l'appeler,
Qu'il entend sous ses pieds le beau son de la terre,
Et qu'on voit au soleil ses crins étinceler,
Dans le vent qui lui parle il agite la tête,
Et son hennissement trahit sa puberté :
C'est son premier beau jour, c'est la première fête
De sa vigueur naissante et de sa liberté !

Fils indiscipliné, seul devant la nature,
Il éprouve un orgueil qu'il ne connaissait pas,
Et, l'œil tout ébloui de jour et de verdure,
Il ne sait où porter la fougue de ses pas.
Va-t-il dans l'Océan braver les flots superbes
Sous son poitrail blanchi sans cesse reformés,
Ou lutter dans la plaine avec les hautes herbes,
Se rouler et dormir dans les foins embaumés?
Va-t-il gravir là-bas les montagnes vermeilles?
Pour sauter les ravins ployer ses forts jarrets?
Ou, se fouettant les flancs pour chasser les abeilles,
Sur la bruyère en fleurs courir dans les forêts?
Va-t-il, sur les gazons, poursuivant sa compagne,
Répandre sa jeunesse en généreux ébats?
Ou, l'ami d'un guerrier que la mort accompagne,
Respirer l'air bruyant et poudreux des combats?
Quels seront ses plaisirs? Pendant qu'il délibère
Et que sur la campagne il promène les yeux,
Il sent derrière lui comme une aile légère
D'un toucher caressant flatter ses crins soyeux,
Puis un poignet soudain les saisir et les tordre...
Oh! ce n'étaient donc pas les vents ou les oiseaux?...
Il se tourne, il voit l'homme; il trépigne et veut mordre:
Et l'homme audacieux l'a pris par les naseaux.

Le quadrupède altier se rassemble et recule,
Il se cabre, il bondit, se jette par côté,
Et, secouant la main que son haleine brûle,
Au roi majestueux résiste épouvanté.
En fatigants transports il s'use et se consume.
Car il est contenu par un lutteur adroit
Qui de son bras nerveux tout arrosé d'écume
Oppose à sa fureur un obstiné sang-froid.
Le cheval par ses bonds lui fait fléchir le torse,
Dans le sable foulé lui fait mettre un genou ;
Puis par le poing du maître il est courbé de force,
Et touche par moments sa croupe avec son cou.
Enfin, blanc de sueur et le sang à la bouche,
Le rebelle a compris qu'il fallait composer :
« Je t'appartiens, tyran, dit le poulain farouche ;
Quel joug déshonorant veux-tu donc m'imposer?
Crois-moi, je ne suis point un serviteur vulgaire :
Quand on les a sanglés, tous mes pareils sont morts ;
Tu me peux librement, à la chasse, à la guerre,
Conduire par la voix sans cravache et sans mors.
J'ai la fidélité si l'homme a la prudence,
Dans tes regards divins je lirai tes désirs ;
Laisse-moi partager avec indépendance
Tes glorieux travaux et tes fougueux plaisirs ;

Respecte ma beauté, car ma prunelle brille
Et ma robe luisante a la couleur du blé;
Et respecte mon sang, car j'ai dans ma famille
Des coursiers d'Abydos dont Homère a parlé ! »
Mais l'homme a répondu : « Non, je me civilise,
Et toute la nature est soumise à ma loi;
L'injustice envers elle est à moi seul permise,
J'ai besoin d'un esclave et je m'adresse à toi. »

Jeune homme de vingt ans, voilà bien ta fortune !
Tu cherchais simplement ton naturel milieu;
Le pacte humain te pèse, et sa loi t'importune :
Tu voulais rester seul avec ton âme et Dieu.
Et tu disais : « La terre au bonheur me convie,
Ce bonheur est un droit, et ce droit est sacré;
Je n'ai ni demandé ni désiré la vie :
Il est juste, il est beau que j'en use à mon gré ! »
Tes courses dans les champs, par les oiseaux guidées,
Te montraient les blés d'or mûris par un Dieu bon;
Tes rêves exploraient le palais des idées
Sur la trace d'Homère et du divin Platon.
Alors, tu t'es épris des bois et des montagnes;
Les vents réjouissaient ta sauvage fierté,
Ton regard possédait les immenses campagnes,

Et ton cœur proclamait l'antique Liberté :
Non pas la Liberté comme Barbier l'a peinte,
La reine des faubourgs trônant sur le pavé,
Qui fait périr le droit dans sa brutale étreinte,
Les bras rouges d'un sang qu'on n'a jamais lavé ;
Mais la Liberté pure, aux ailes grandioses,
Qui porte l'espérance et l'amour dans ses yeux,
Et chante, le front ceint de moissons et de roses,
Un pied dans les sillons, la chevelure aux cieux !
Et devant cette vierge offerte à ta caresse
Dans le ravissement tu t'étais arrêté,
Comme un adolescent contemple sa maîtresse
Et ne peut croire encore à sa félicité.
Inquiété d'un sang que la jeunesse embrase,
Tu palpitais ; debout, au seuil de l'avenir,
Tu laissais déborder dans les pleurs de l'extase
L'infini que ton cœur ne pouvait contenir.
Mais, un jour, tu frémis ; une secrète gêne
A de tous tes désirs noué l'avide essor :
On t'apprend que tout homme est l'anneau d'une chaîne,
Et que la liberté n'est qu'un bienfait de l'or ;
On t'apprend qu'au sortir du ventre de sa mère
L'enfant signe ce pacte avec l'humanité ;
Que, sans avoir de droit sur un pouce de terre,

Il donne sur lui-même un droit illimité ;
Qu'elle n'est pas à toi, la fleur que tu veux prendre :
Paye et vends si tu peux ; paye et vends le bonheur ;
La terre voit tous ceux qui n'ont jamais su vendre
Pâlir sur sa mamelle, une main sur le cœur.
Soumets-toi ; car le monde, en sa marche pressée,
Entraîne le plus fort, trouble le plus hardi,
Étend son lourd niveau sur l'homme de pensée
Qui fléchit à son tour servile et refroidi.
Tel un dur laminoir qui hurle et s'accélère
Dévore le barreau brut, intraitable, ardent,
L'écrase, le façonne en sa terrible serre
Et n'en fait bientôt plus qu'un tiède et noir serpent,
Tu croyais, pour sauver ta liberté chérie,
Qu'il suffirait de dire à tes concitoyens :
« Je ne vous connais pas ; la terre est ma patrie ;
Trafiquez de vos droits, moi je garde les miens ! »
Mais en vain tu fuyais leur froide tyrannie :
Ils t'ont traîné soudain dans le commun torrent.
En vain, leur alléguant ton cœur et ton génie,
Tu réclamais l'honneur d'un destin différent ;
Sache que leur faveur est un bruit d'une année,
Qu'un rêveur n'est plus rien quand son front a pâli,
Et que le plus fameux, cherchant un Prytanée,

Ne trouve que l'insulte, et le rire, et l'oubli ;
Qu'on pourra t'accuser de tendre des mains viles
Pour n'avoir pas vendu le toit de tes aïeux,
Car un peuple à ses rois fait des listes civiles,
Mais il ne sait plus faire une offrande à ses dieux.
Et tu diras en vain que tes chants sont utiles,
Que nul œuvre n'est grand sans l'inspiration :
Ce n'est plus aujourd'hui que surgissent les villes
A la puissante voix d'un sublime Amphion.
Le monde répondra : « Non, je me civilise.
Je veux des ouvriers et surtout des soldats :
Le trafic enrichit et la guerre est permise ;
Tu me dois ton amour, ton génie et ton bras ! »

A LA NUIT

O vénérable Nuit, dont les urnes profondes
Dans l'espace infini versent tranquillement
Un long fleuve de nacre et des millions de mondes,
    Et dans l'homme un divin calmant,

Tu berces l'univers, et ton grand deuil ressemble
A celui d'une veuve exercée aux douleurs,
Qui pense au lendemain inexorable, et tremble
Pour son enfant qui dort les mains pleines de fleurs.

Tu regardes la terre avec mélancolie;
Tu ne ris point là-haut comme le jour moqueur;
Tu plains les maux de l'homme, et pour qu'il les oublie
    Tu poses la main sur ton cœur.

Mais pourquoi t'en vas-tu, passagère céleste?
Pourquoi rends-tu la terre à son cruel soleil?
Demeure cette fois, je t'en supplie, ah! reste;
S'il faut souffrir encore, à quoi bon le réveil?

Tu nous sauveras tous, ô Nuit, si tu demeures :
Nous ne le craindrons plus, cet ennemi prochain,
Ce dé fatal caché dans la robe des heures
  Qu'on nomme avec effroi : Demain.

Demain! c'est le réveil des corps pour la fatigue,
Des âmes pour le mal et les muets tourments,
Des cités pour le bruit, l'ambitieuse intrigue
Plus stérile que l'onde en ses vains mouvements;

C'est le réveil des cœurs pour le désir avide,
Le regret, l'espoir vague et le vorace ennui,
Des fronts pour la pensée insatiable et vide
  Que leurre l'idéal enfui;

C'est le réveil des bras pour la bêche et les armes,
Des langues pour l'erreur et pour la trahison,
Des pieds pour l'aventure et des yeux pour les larmes,
Des lèvres pour la faim, la fièvre et le poison!

Vois : maintenant tout dort, la montagne immobile,
La vallée odorante où le vent s'assoupit,
Et le fleuve, et la plaine où la bourbeuse ville
    Comme un dragon noir s'accroupit.

Vois : les hauts peupliers penchent leurs têtes sombres;
L'air en les inclinant ne les agite pas;
Ils tiennent leur conseil, semblables à des ombres,
A des spectres géants qui se parlent tout bas.

Le marbre des tombeaux blanchit dans l'herbe brune.
Écoute! entre les pins les morts légers vont seuls,
D'un pas surnaturel, inondés par la lune,
    Traînant leurs antiques linceuls;

Ils errent. C'est assez que leur âme ressente,
Affranchie à jamais des soins de l'avenir,
Du repos désiré l'onde rafraîchissante,
Et savoure le miel du lointain souvenir.

Les vivants sont muets, car, sous ton aile immense,
Ils boivent le sommeil avec l'ombre du soir,
Lait sombre et merveilleux qu'aspirent en silence
    Toutes lèvres à ton sein noir.

Comme on voit se tremper et s'alourdir l'éponge
Qui descend par degrés jusqu'au fond du bassin,
Le cerveau lentement dans les rêves se plonge,
Et de vapeurs chargé tombe sur le coussin.

Ils subissent, couchés, leur molle servitude ;
Lasse, la volonté trahit son propre effort,
Et la raison sans règle, au gré de l'habitude,
    Se détend comme un lent ressort.

Puis un espiègle enfant, dieu de la fantaisie,
Impose un jeu bizarre à chaque faculté,
Et va dans l'infini dépayser la vie
En y mêlant les mœurs d'un empire enchanté.

Tantôt ce dieu, trompant un long deuil pour une heure,
Emprunte son suaire à l'ange de la mort,
Puis sous les traits pâlis de l'être aimé qu'on pleure
    De la tombe entr'ouverte il sort ;

Tantôt, bourreau commis au châtiment d'un crime,
Secouant le coupable après l'avoir bercé,
Il lui montre partout le meurtre et la victime,
En injectant ses yeux du sang qu'il a versé.

L'invincible sommeil rend les méchants esclaves
Des forfaits que le jour leur faisait oublier ;
Mais aux Socrates purs, dénouant leurs entraves,
    Il donne un démon familier.

La vierge dort, bras nus ; sa poitrine respire,
Flot murmurant qui monte et décroît tour à tour ;
La Pudeur vigilante en se penchant l'admire
Et lutte avec la bouche errante de l'Amour.

Un songe sur sa tête en souriant dispose
Le ruban désiré qu'il montre encor plus beau :
Le bonheur de l'enfant est celui de la rose
    Qui fait ses perles d'un peu d'eau.

Le pâle cénobite en sa cellule close
S'est assoupi, lassé par sa longue oraison ;
Il songe, il croit sentir que sa tête repose
Sur l'épaule du Christ assis dans sa prison.

Le jeune homme, oubliant sa lampe solitaire,
Dans le vaste avenir par l'espoir emporté,
Rêve que la Justice a parcouru la terre
    Sur l'aile de la Liberté.

L'astronome obstiné monte à la plate-forme,
Et, comme un enchanteur, d'un appel sûr et lent
Fait descendre le ciel dans sa lunette énorme ;
Il se croit incliné sur un lac d'or tremblant.

Achevant l'œuvre aimé que son désir abrège,
L'artiste sent ses doigts obéir à ses yeux ;
Il voit le dur Paros crouler comme la neige
  Aux pieds du souverain des dieux !

Le paysan croit voir un sillon qu'il imprime
Fumer sous le soleil, les fauves moucherons
Bruire étincelants dans l'air rose et sublime,
Et ses bœufs s'allonger en alignant leurs fronts

Eh bien ! qu'ils dorment tous visités par tes songes,
O Nuit ! qu'ils soient heureux ou punis dans tes bras !
Ils ne connaissent pas l'erreur où tu les plonges ;
  S'ils s'en plaignent, tu partiras !

Arrête-toi ; fais dire à l'Aube qu'elle attende
Ou choisisse une terre où soit béni le jour ;
Fais-lui dire qu'ici la misère est si grande
Qu'on ne peut plus sourire à son joyeux retour.

O Nuit, selon sa vie, à tout homme qui veille
Inspire ton horreur ou ta sérénité,
Et donne pour jamais à celui qui sommeille
    Le rêve qu'il a mérité !

CHŒUR POLONAIS

A Amédée Durande.

LES VIEILLARDS

Ce sont eux! j'ai posé l'oreille contre terre;
Les bruits sourds qu'on entend sont des pas de chevaux;
Que le jeune soldat se rappelle son père,
Et que l'ancien s'apprête à des combats nouveaux!

Que nul de vous ne songe aux sanglots de l'épouse,
Aux longs baisers d'adieu sur le front de l'enfant;
Mais qu'à l'heure d'agir la colère jalouse
Fasse oublier qu'on aime et songer qu'on défend.

Sachez qu'il n'est permis d'autre plainte au courage
Qu'un suprême soupir, celui du trépassant,
D'autres pleurs dans les yeux que les larmes de rage,
D'autre faiblesse au cœur que la perte du sang.

Ce sont des gens soldés, des troupes asservies :
L'or fait les plus nombreux, mais l'âme les plus forts,
Et nous vendrons du moins si chèrement nos vies
Qu'ils seront les vaincus si l'on compte les morts.

Leur sang sera l'engrais des récoltes futures :
Ils nous volent nos champs, ils les doivent nourrir.
Allez ! laissez aux vents le soin des sépultures ;
Les femmes prieront Dieu pour ceux qui vont mourir !

LES JEUNES GENS

Pères, nous acceptons que le canon nous broie ;
Nous ne languirons pas sous le fouet exécré.
Nous sommes préparés, ayant grandi sans joie ;
Sur nos premiers jouets nos mères ont pleuré.

Nous n'avons pas connu ces belles gaîtés folles,
Salut de la jeunesse à la création ;
Nos fronts décolorés n'ont d'autres auréoles
Que les blêmes reflets de l'indignation.

Nous avons oublié les yeux des jeunes filles ;
Pères, les vôtres seuls nous peuvent enflammer !
Quand un grand deuil civique assombrit les familles,
Les enfants sont muets, ils n'osent plus s'aimer.

Ils n'osent plus s'aimer : les cœurs cessent de battre
Pour vouer à la haine un culte simple et froid.
Les vierges sont nos sœurs quand nous allons combattre,
L'amour avec respect cède la place au droit.

Nous marchons librement, détachés de la vie
Comme si nous étions des spectres de vingt ans ;
Les jeunes de Valmy nous porteraient envie :
Nous vibrons tout entiers dans les tambours battants !

Et nos aïeux, tous ceux dont la Pologne est veuve,
Viennent nous parler bas ; nous nous sommes voués,
Et nous voulons tomber dans la prétexte neuve,
Comme ces vieux héros dans les drapeaux troués.

LES FEMMES

Combien sont emportés dans chaque jour qui passe !
Que Dieu sauve aujourd'hui tous les sauvés d'hier,
Et qu'aux derniers partants il nous donne la grâce
De pouvoir dire adieu d'un front tranquille et fier !

Nous les aurions suivis, vaillantes que nous sommes,
Si nos forces servaient nos soupirs belliqueux :
C'est un cruel chagrin d'abandonner les hommes,
Quand la patrie est faible et qu'on l'aime autant qu'eux !

Qu'espérons-nous ? ceux-là que nous aimions naguère
Sont morts ; les nouveau-nés dorment sur nos genoux,
Et nous ne pouvons pas soulever pour la guerre
Les bataillons futurs que nous portons en nous.

Ces défenseurs perdus, n'en attendons plus d'autres !
Les hommes plus heureux dont la justice a soin
Ont des foyers trop doux pour s'occuper des nôtres ;
Leurs femmes sont près d'eux, et nous sommes si loin !

Nous mourrons! on verra le vainqueur solitaire,
Cherchant partout une âme à qui donner des lois,
Rencontrer seulement le cadavre et la terre
Et la honte pour prix de ses sanglants exploits.

LES PRÊTRES

Si l'aigle peut casser le réseau qui l'arrête
Et se ravir soi-même au lâche ravisseur,
Si le lion blessé peut retourner la tête
Et tordre avec ses dents le poignard du chasseur,

Marchez! et si le Christ aux colères sacrées,
A fouetté de sa main des voleurs inconnus,
Et s'il a fait surgir de leurs caves murées
Des hommes qu'on pleurait comme s'ils n'étaient plus,

Marchez! Quand la Vertu lève un poids qui l'opprime,
La conscience humaine est blanche devant Dieu;
Et, tant que respirer ne sera pas un crime,
Vous les pourrez chasser de la fourche et du pieu.

Qu'ils meurent par la faux, ceux dont la tyrannie
Du labeur pacifique a détourné la faux !
Elle est le fer du pauvre, elle est trois fo bénie
Par la foi, la justice et les virils travaux.

La vengeance du ciel descendra dans vos armes ;
Les pères fatigués les passeront aux fils,
Et, du haut des clochers tout ébranlés d'alarmes,
Nous étendrons sur vous les pâles crucifix.

LE GUÉ

A Étienne Carjat.

Ils tombent épuisés ; la bataille était rude.
Près d'un fleuve, au hasard, sur le dos, sur le flanc,
Ils gisent, engourdis par tant de lassitude
Qu'ils sont bien, dans la boue et dans leur propre sang

Leurs grandes faux sont là, luisantes d'un feu rouge,
En plein midi. Le chef est un vieux paysan :
Il veille. Or il croit voir un pli du sol qui bouge...
Les Russes ! Il tressaille et crie : « Allez-vous-en ! »

Il les pousse du pied : « Ho ! mes fils, qu'on se lève ! »
Et chacun, se dressant d'un effort fatigué,
Le corps plein de sommeil et l'esprit plein de rêve,
Tâte l'onde et s'y traîne à la faveur d'un gué.

De peur que derrière eux leur trace découverte
N'indique leur passage au bourreau qui les suit,
Et qu'ainsi leur salut ne devienne leur perte,
Ils souffrent sans gémir et se hâtent sans bruit.

Hélas! plus d'un s'affaisse et roule à la dérive,
Mais tous, même les morts, ont fui jusqu'au dernier.
Le chef, demeuré seul, songe à quitter la rive...
C'est trop tard! Une main le retient prisonnier.

« Vieux! sais-tu si le fleuve est guéable où nous sommes?
Misérable, réponds : vivre ou mourir, choisis.
— Il a bien douze pieds. — Voyons, » dirent ces hommes,
En le poussant à l'eau sous l'œil noir des fusils.

L'eau ne lui va qu'aux reins, tant la terre est voisine,
Mais il se baisse un peu sous l'onde à chaque pas ;
Il plonge lentement jusques à la poitrine,
Car les pâles blessés vont lentement là-bas...

La bouche close, il sent monter à son oreille
Un lugubre murmure, un murmure de flux ;
Le front blanc d'une écume à ses cheveux pareille,
Il est sur ses genoux. Rien ne surnage plus.

Du reste de son souffle il vit une seconde,
Et les fusils couchés se sont relevés droits :
Alors, ô foi sublime! un bras qui sort de l'onde
Ébauche dans l'air vide un grand signe de croix.

J'admirais le soldat qui dans la mort s'élance
Fier, debout, plein du bruit des clairons éclatants!
De quelle race es-tu? toi qui, seul, en silence,
Te baisses pour mourir et sais mourir longtemps!

DANS LA RUE

A Georges Guéroult.

I

Six perchevons égaux, blancs et nourris d'avoine,
Traînaient un chêne entier dont les cimes pendaient,
Et les larges pavés du faubourg Saint-Antoine
A chaque tour de roue en remuant grondaient.

Les feuilles bruissaient et balayaient la rue
Dans un flot de poussière ; on entendait parfois
Grincer le cabestan, gémir l'énorme grue,
Les ferrailles sonner sur le père des bois.

Les passants inquiets que le trafic agite,
Le manœuvre aux bras lourds, les pâles artisans,
La marchande aux longs cris, le désœuvré sans gîte,
Et le gamin railleur, ivrogne de quinze ans,

Tous les êtres forains que la misère entasse
Contemplaient le bel arbre et marchaient avec lui,
Car ce chêne avait l'air d'une forêt qui passe,
Et son dernier frisson serrait le cœur d'ennui.

Plus de vents, plus d'oiseaux. Comme un orgue sonore
Dont le silence même est plein des voix du ciel,
D'une âme aérienne il bourdonnait encore,
Mais il était frappé de l'automne éternel.

Les pierres de la route ont froissé son feuillage ;
Une coupure au pied, dont les cercles nombreux
Mesurent sa largeur et supputent son âge,
A soudain terminé son festin ténébreux.

Ses racines là-bas rongent toujours la terre ;
Comme une hydre sans corps elles mangent en vain,
Pendant qu'ici le tronc inerte et solitaire
A consommé sa sève et dépérit de faim ;

Mais il cherche le ciel où les eaux économes
Roulent en noirs flocons, car il a soif surtout;
Il souffre de ce char et de ce fleuve d'hommes,
Lui qui resta mille ans immobile et debout.

Comme un pilier de temple il vivait sans secousses,
Laissait les ouragans sur sa tête courir,
Et distillait l'orage en perles sur les mousses,
Noir l'été, blanc l'hiver, impuissant à mourir.

II

Pourquoi suivions-nous l'arbre, à pas lents, sans rien dire?
Étions-nous assombris par de lointains regrets?
Toute femme est dryade et tout homme est satyre:
On redevient sauvage à l'odeur des forêts.

Sous un fouet implacable, entre les murs des villes,
On pense aux porches verts pleins de mourants échos;
On rêve, au lieu de l'or et des labeurs serviles,
L'arc et la chasse errante aux savoureux repos.

L'orgueil recule un but qu'il nous force à poursuivre,
Et nous allons toujours, ce vautour au côté :
L'ignorance aux yeux bleus voyait assez pour vivre,
Pour goûter la lumière et choisir la beauté !

Les herbes sont des lits, les branches des berceuses :
Courons-y, désertons nos durs chemins de grès ;
Calmons à la fraîcheur des sources paresseuses
Cette fièvre des pieds que nous nommons progrès.

Ainsi tous, ouvriers d'une diverse tâche,
Car l'un tient la truelle et l'autre le flambeau,
Nous marchions, tourmentés d'une révolte lâche,
Comme si nous menions l'âge d'or au tombeau.

III

O nature intraitable ! humanité farouche !
Non, peuple, tu n'es pas aussi vieux qu'on te fait !
Dès que du bout du sein ta nourrice te touche,
Comme un enfant sevré tu te souviens du lait.

Tu crois renaître aux jours des nudités dansantes,
Au temps des droits sans loi, des devoirs sans rigueur;
C'est la forêt perdue, ô peuple, que tu chantes,
Quand tu te sens monter la Marseillaise au cœur.

Encore mal dompté, comme un loup sous les grilles,
Tu hais le maître : attends, et tu seras ton roi;
Tu veux, sauvage et gai, danser sur les bastilles :
Attends, et, citoyen, tu bâtiras pour toi.

Fais-toi libre en changeant par les vertus civiques
En un sage concert tes fougues d'autrefois :
Les peupliers sanglants sur les places publiques
Ne te rendront jamais la liberté des bois.

Depuis l'heure où le luth, te révélant tes larmes,
Et te traînant, surpris, des forêts dans les champs,
T'enseigna la charrue et les murs et les armes,
Et le pacte des bons pour la guerre aux méchants,

Tu te rendis esclave et toutefois plus digne,
Car ta chaîne unissait tes mille bras instruits :
Pareil aux oliviers qu'un laboureur aligne,
Tu connus ta richesse en mêlant tous tes fruits;

Et, si des conquérants ont attaché la honte
Au joug utile et sain que tu t'étais donné,
Grandis, sois patient comme la mer qui monte,
Et comme elle engloutis ceux qui t'ont dominé ;

Mais ne regrette plus ta liberté première :
Faune hier, montre l'homme au chêne que tu fends ;
Frappe et bénis deux fois sa tête hospitalière,
Abri de tes aïeux, palais pour tes enfants !

LE LION

A Gaston Prudhomme de la Pérelle.

I

La nuit dans le désert vient à pas lents s'asseoir
Avec sa robe d'ombre et son bandeau d'étoiles;
Elle rafraîchit l'air en balançant ses voiles,
L'herbe fume et l'Asie est comme un encensoir.

C'est l'heure du lion. Sur les brûlantes pierres,
Et sous un jour pesant aux rayons irrités,
Il a dormi. C'est l'heure, il ouvre les paupières,
Se dresse en soupirant, les ongles écartés,

Et va ; ses grands yeux clairs dans les ténèbres plongent,
Puis il gronde en dedans et rugit tout à coup :
Ses flancs pleins de tonnerre en frémissant s'allongent,
Sa crinière terrible est droite sur son cou.
Le palais échauffé d'une soif importune,
Il va voir si la source a de l'eau dans son lit,
Et s'arrête parfois : le croissant de la lune
L'étonne, la splendeur des astres le remplit.
Son allure est d'un sage, il marche avec mystère
Comme un prêtre des nuits ; à chacun de ses pas,
Son pied en se posant semble arrêter la terre ;
Quand il passe, elle tremble et ne résonne pas.
Mais, pendant qu'au torrent il se penche pour boire,
Sur le bord opposé rampe une forme noire...
Le tigre ! on n'aperçoit que les yeux et les dents :
Cette mâchoire blanche et ces deux trous ardents
Ressemblent à la mort épiante et cruelle.
Le lion le regarde à travers ses cils roux,
En arrêt ; l'onde encor de ses lèvres ruisselle.
Enfin, quand le silence a grossi les courroux,
Tout tremble au roulement des murmures de rage,
Et les bandes d'oiseaux, qui, la nuit, dans les airs,
Émigrent assoupis, rêvent qu'un double orage
Amoncelle plus bas des bruits et des éclairs.

O terreur! ils se sont élancés l'un sur l'autre
En même temps, si prompts que l'œil les a perdus;
Comme une grappe énorme ils semblent suspendus;
Puis le couple acharné dans l'eau tombe et se vautre :
Sous leurs piétinements durs et précipités
L'eau vive, les roseaux, les graviers et les mousses
Volent, craquent, foulés, chassés de tous côtés;
On ne voit qu'une masse aux nerveuses secousses
Dans un tumulte sourd; les puissants coups de crocs
Au velours jaune ou noir font de brûlants accrocs;
Le plus faible en aura jusqu'à ce qu'il ne bouge
Et n'ait plus dans le corps ni souffle ni chaleur.
L'air s'infecte, la source a changé de couleur,
Et le tigre a roulé dans une bourbe rouge.
Le lion s'est dressé sur le vaincu mourant,
Le flaire, s'en éloigne, et, maître du torrent,
Se secoue en silence et recommence à boire.
L'onde fraîche a calmé le feu de sa mâchoire,
Mais le sang qu'il a bu s'allume dans son cœur;
Il rôde, il a besoin de sa jalouse amante.
La féroce au col nu, la fauve sans vainqueur
L'appelle; il la pressent; sa force le tourmente,
Et bientôt rugiront ces amours forcenés
Où les mâles affreux sont les plus sûrs de plaire,

Où la loi d'un baiser pareil à la colère
Les tient avec fureur et plaisir enchaînés.
La lionne, plaignant son ardeur inutile,
Traîne son cri lascif, et, voyant qu'il la suit,
De ses flancs caressants aux grâces de reptile
L'enveloppe et s'échappe, et l'attire et le fuit.

Et, quand viendra l'instant où le levant se dore
Et sent avec lenteur le soleil approcher,
Le lion montera sur le front d'un rocher
Pour saluer d'en haut la rayonnante aurore.

II

Le soleil cherche en vain le prince des déserts.
Où donc est-il? Hélas! il a passé les mers.
Nul combat aujourd'hui, nul amour ne l'enflamme,
Et voici le chagrin qui dévore son âme :
Au lieu de sable rose il trouve des carreaux,
Au lieu d'air sans limite une barrière étroite,

Et, mendiant l'espace, il va de gauche à droite,
Et revient, le front bas, en frôlant des barreaux.
Il ne connaissait pas dans l'Arabie entière
De si dur ébénier que sa dent n'ait tordu ;
Ces barreaux merveilleux sont faits d'une matière
Où la mâchoire crie avant d'avoir mordu.
Les astres dans leur cours visitaient sa caverne,
Ici fume une lampe. Il est mort à demi,
Jouet épouvanté d'un fantasque ennemi
Dont l'œil, présent ou non, l'environne et le cerne ;
Car il n'est jamais seul : cet œil, cet œil est là.
Son cerveau de lion ne comprend pas cela :
Quand ce tyran divin le regarde, il lui semble
Qu'il est traîné par terre ou cloué, puis il tremble
Comme sous un ciel bas prêt à crouler sur lui.
Le lion vous imite, ô faibles hirondelles
Qui tournoyez dans l'air, ne vous sentant plus d'ailes
Quand le serpent se dresse et que son charme a lui.
Il s'est maintes fois dit : « Si je pouvais lui plaire,
Ne faire qu'en ami toutes ses volontés,
Et, lui léchant le corps, obtenir pour salaire
Un pas de plus à joindre aux pas qu'il m'a comptés ? »
Mais, quand il promenait le long de la poitrine
Sa langue chaude et rude en ouvrant la narine,

De cette proie offerte il détournait les yeux :
« Cette colonne auguste est de la chair vivante...
Dans ces veines d'azur quel sang délicieux! »
Et soudain le tenté fuyait, pris d'épouvante.

Dans la cage voisine, un autre roi vaincu
Songe. C'est son rival : le tigre a survécu.
Comme son cœur est dur, il ne perd pas courage.
Il tourne, en se dressant à tous les coins du mur;
Une issue est cachée à l'angle, il en est sûr,
Et la cherche ; bientôt son enquête l'enrage ;
Bondissant, de la grille il ébranle le fer,
Y fait craquer ses dents et saigner ses gencives
Le fer sonne en brisant ses fureurs convulsives,
Sa gorge est un volcan, sa prunelle un enfer.
Il craint l'homme, non pas comme un génie occulte,
Mais comme un fouet vivant qui lui cingle le dos ;
Il ne le lèche pas : la haine est tout son culte.
Malheur! quand il saura qu'il est de chair et d'os!
Car il est révolté, lui, fou des grandes chasses,
D'attendre qu'un valet serve de temps en temps
A sa superbe faim d'odieuses carcasses
Au lieu des festins chauds, jeunes et palpitants.

Leurs prisons cependant au cirque sont roulées,
Affront barbare, abject, qu'ils souffrent tous les soirs.
Où sont-ils? Tous les yeux de ces têtes foulées
Étincellent sur eux comme des brillants noirs.

Le peuple impatient les acclame en tumulte.
Fils de la solitude, ils bâillent éblouis,
Et se couchent. Alors, le rire humain l'insulte:
« Çà, dompteur, tes lions se sont évanouis ! »

Mais lentement s'élève une rumeur profonde,
On se tait : les railleurs ont senti cette voix;
Car il n'est pas de bruit plus solennel au monde
Après les grands soupirs de la mer et des bois.

Le dompteur entre. Il parle, il caresse, il ordonne.
Le lion se dérobe en grommelant tout bas,
Puis s'irrite et revêt sa royale personne;
Son regard fixe et grave a dit : « Je ne veux pas. »
L'homme veut. L'indompté répond trois fois de suite
Dans un muet colloque à faire frissonner :
« Je ne veux pas. »
    Le tigre, ému, flairant la fuite,
Va, vient.

On entendrait des mouches bourdonner.
Pitié! du fouet d'acier les coups, cuisante grêle,
Font jaillir la douleur. Hurlant de tout son corps,
Le lion rampe, il vient manger dans la main frêle
Qui de sa haute échine a courbé les ressorts.
La foule crie. Elle aime, entre toutes les fêtes,
A craindre en sûreté. Rugis donc, ô lion,
Et bondis, car elle aime à voir sauter les bêtes
Afin que l'homme seul ne soit pas histrion.

III

O terre! il faut que l'homme usurpe ton écorce,
Mais tu pleures tes fils plus robustes, plus francs;
Tu préfères, en eux, ta simple et droite force
A l'ascendant rusé qui nous fait leurs tyrans.
« Il est beau, nous dis-tu, que pour vous mon zéphire
Dans les toiles surpris se condamne au travail;
Que sur un double fer une brute en délire
Chasse mes horizons à grands coups de poitrail.

Il est beau d'affronter des vagues inconnues,
De dépêcher au loin votre âme sur un fil,
D'obliger le poids même à remonter les nues,
Et de mêler deux mers à la face du Nil.
Allez et prenez tout. Mes entrailles ouvertes
Vous livrent l'aliment et le secret du feu ;
Prenez mes bœufs, mes blés, je répare mes pertes ;
Mais ne torturez pas, la douleur est à Dieu.
Le plaisir est borné, la douleur infinie,
Et Dieu seul la dispense à de justes degrés.
Ils ne sont pas sans droits, les êtres sans génie :
Vous ne les valez plus quand vous les torturez.
Leur cruauté s'éteint dès que leur besoin cesse,
Mais la cruauté même est pour vous un besoin ;
Ils savent se haïr sans feinte et sans bassesse,
Et peut-être, la nuit, quand tout ce peuple est loin,
Ces deux monstres, lassés de vos petits vacarmes,
Indignés et surpris du nombre des bourreaux,
Se pardonnent leur guerre, et, les yeux pleins de larmes,
Se parlent de justice à travers les barreaux.

L'AMÉRIQUE

Quand l'arche s'arrêta, du linceul gris des ondes
S'éleva lentement la terre d'aujourd'hui ;
Mais Dieu la divisa cette fois en deux mondes,
Une moitié pour nous, l'autre moitié pour lui.
Il nous livra l'Europe et l'Asie et l'Afrique,
Du Nil au Borysthène et de Marseille à Tyr ;
Mais il se réserva la féconde Amérique,
Voulant y voir son œuvre en liberté grandir.
Pour que ce monde heureux fût complet comme l'autre,
Il en ouvrit le ciel à des êtres humains,
Mais il ne plaça pas, comme il fit dans le nôtre,
Sous leur front le génie et le soc en leurs mains.
Il les laissa courir dans les vierges savanes,
Chasser, dormir, flatter leurs instincts sans remords,

Donner à leurs enfants pour berceaux des lianes,
L'infini bleu pour tombe à leurs vieux parents morts.
Et, comme la campagne, ardente et respectée,
Leur prodiguait plus d'or, plus d'oiseaux et de fruits,
De fleurs et de rayons que la route lactée
D'étoiles à leurs yeux dans la splendeur des nuits,
Ces êtres innocents, noyés dans la lumière,
Dans un air plein de sève et de miel et de feu,
Se trouvaient là si bien qu'ils adoraient la pierre,
L'arbre et le firmament, car tout leur était Dieu.
Ils croyaient, peu jaloux de gloire et de conquête,
User assez des biens qui leur étaient offerts,
Quand ils s'étaient noués des plumes à la tête
Ou fait un lit nomade avec des rameaux verts;
Ils n'avaient pas besoin de transformer les choses,
D'y puiser savamment des éléments meilleurs;
Ils sentaient leur bonheur, ils en touchaient les causes,
Ils n'avaient pas besoin de le rêver ailleurs.

L'Amérique vivait dans un repos superbe,
Promenant vers la mer ses fleuves aux longs bras,
Balançant dans l'azur sa chevelure d'herbe
Au fracas éternel de ses Niagaras.
Elle poussait au ciel des végétaux énormes,

Ses nopals, ses cactus, et ses bois résineux;
Ses nocturnes forêts pleines d'étranges formes
Tordaient paisiblement d'inextricables nœuds.
Ses beaux oiseaux ridaient le golfe solitaire,
Ses îles fleurissaient sous les vents alizés;
C'était l'hymen fécond du ciel et de la terre,
Et des étés sans fin naissaient de leurs baisers.

Mais, parfois, il passait dans la tiède atmosphère
Un flot d'air étranger, trouble et chargé de sang;
Une rumeur montait, et de l'autre hémisphère
Le sol semblait au loin frémir en gémissant.

L'homme y recommençait son aventure étrange!
La terre est molle encore et le bonheur a fui;
Hors de l'arche, aussitôt qu'il eut touché la fange,
L'homme sentit le mal se retremper en lui :
« A moi le fer, le feu, la mer et la campagne!
Rappelons-nous les arts des enfants de Caïn.
A la forge, mes fils! au labour, ma compagne!
Changeons l'or en écus et les blés mûrs en pain.
Quand les bras sont nombreux, la tâche en est moins dure :
Enchaînons-nous ensemble, unissons-nous d'efforts,
Et, comme des cancers aux flancs de la nature,

Creusons et bâtissons des villes et des ports!
Qui vient à l'horizon nous disputer la terre?
Debout, les jeunes gens! c'est moi qui suis le roi!
La gloire, c'est l'éclat du meurtre militaire,
La patrie est la place où je vous fais la loi!
Gloire et patrie! Allez, ces mots feront fortune.
Des champs de nos voisins n'êtes-vous pas jaloux?
Que ne leur jetons-nous notre chaîne commune?
La conquête est un droit, les vaincus sont à nous. »
Puis les vaincus ont dit : « Nous sommes tous des frères.
Faisons les lots pareils du labeur et du gain! »
Et le même drapeau prit des couleurs contraires :
« Je suis aristocrate. — Et moi, républicain.
— Moi, j'aime le tyran qui payait bien mes pères.
— Moi, j'abhorre celui qui tortura les miens.
— Le fort pouvoir d'un seul fait les États prospères.
— L'égal pouvoir de tous fait les grands citoyens.
— Je confesse le Christ. — A Jupiter l'empire.
— Moi, j'ai foi dans Allah! — Moi, je n'ai foi dans rien. »
Chaque philosophie avec un froid délire
Jetait son ombre vaine à la clarté du bien;
Chaque religion, jurant par son apôtre,
S'animant de son dieu contre un culte imposteur,
Le fer dans une main, le symbole dans l'autre,

Tuait la Créature au nom du Créateur.
La peste, le besoin, le cilice et les armes
Travaillaient tour à tour les générations,
Et chacune, en passant dans la rage et les larmes,
A balayé la terre aux vents des passions;
Ainsi les ouragans qui poussent les nuages
Les font s'entre-choquer comme les bataillons,
Et de pluie et d'éclairs forment ces grands orages
Qui laissent derrière eux la campagne en haillons.
L'Asie a vu courir plus de vingt Alexandres;
Que devient la verdure où passe le torrent?
Les colosses d'Égypte ont ajouté leurs cendres
Aux sables que tourmente un soleil dévorant;
L'Europe a vu pâlir ses plaines les plus belles
Sous la herse gauloise et le chariot germain,
Et sous la grande route aux dalles éternelles
Que fondait sous ses pas le lourd piéton romain.
Les rois vont pulluler sur l'empire en poussière,
Des trônes sont bâtis sur les épis broyés,
Chacun dispute à mort sa part dans la matière,
Chacun dispute à mort la place de ses pieds!

Dieu voilé, tu pouvais, pour punir cette engeance,
La laisser d'elle-même un jour s'anéantir,

Et sa propre fureur eût servi ta vengeance;
Mais une fois encor tu crus au repentir,
Et tu dis à Colomb : « Cherche une voile et marche,
Va toujours devant toi, par mon souffle emporté;
Où luit la Croix du Sud je conduirai ton arche,
Car je veux par l'exil sauver la liberté ! »
Et l'inspiré partit. Qui ne sait l'aventure :
L'espoir, le doute ingrat, l'équipage ennemi,
Les trois sommations à l'horizon parjure,
La honte d'un retour, la peur de l'infini?

L'Amérique était calme, et cependant vers elle
Accouraient effrayés tous les oiseaux marins;
De l'approche du monstre ils portaient la nouvelle,
Mais l'incrédule terre apaisait leurs chagrins :
« Ils vont si lentement par des plaines si grandes ! »
Et les déserts dormaient sur la foi des deux mers.
Dans leur tranquillité se déployaient les Andes :
On aurait dit qu'Atlas du poids de l'univers
Avait, heureux Titan, soulagé son épaule,
Et qu'il dormait paisible au bord d'un océan,
Couché sur son fardeau, posant sa tête au pôle,
Et laissant ses pieds pendre aux flots de Magellan.
Quand il les vit ramper avec leurs faibles ailes,

Le mont ne rida point son front immaculé :
« Paix, mes filles, dit-il aux neiges éternelles,
Avant que je me dresse ils auront reculé. »
Sentant de ses forêts frémir les vieilles souches
Et leur plaintive houle importuner ses flancs :
« Rassurez-vous, dit-il, ô mes vierges farouches,
Votre seuil est terrible, ils s'en iront tremblants. »

Ah ! tu ne savais pas ce que peuvent les hommes,
Toi qui les défiais avec un tel dédain.
Monde nouveau, demande à l'ancien qui nous sommes ;
Où nous aurons passé tu seras vieux demain.
Déjà tes beaux déserts, hachés par nos charrues,
Sont des carrés de riz, de canne et de coton ;
Ils subissent le rail et le pavé des rues ;
Leurs sauvages troupeaux connaissent le bâton !
L'homme apporte avec lui le fouet et les entraves,
Il déshonore tout ; ton sol épouvanté
Comme une vieille Afrique a bu des pleurs d'esclaves,
Il t'a fait, malgré Dieu, trahir la liberté.
Encore un peu de temps, et les guerres civiles
D'une rosée impie abreuveront tes champs ;
Bois donc ! et tu sauras pourquoi les fleurs *sont viles*
Dans les jardins de Rome au soleil de printemps.

Quand l'étranger funeste, à genoux sur la grève,
Fit à Dieu sa prière, encor pâle d'effroi,
Il le remercia d'avoir béni son rêve
Et donné par ses mains tout un monde à son roi.
Il n'a pas ressenti la paix surnaturelle
Que dépose dans l'âme un sol inexploré ;
Il a vu cette plage et mis le pied sur elle
Sans lui parler tout haut dans un trouble sacré :
« Rien des choses d'Europe ici ne m'accompagne,
O terre, je viens nu sous ton soleil nouveau !
Je ne te plante au cœur ni le drapeau d'Espagne
Ni le vieux labarum rougi comme un drapeau ;
Sur le premier gazon je veux bâtir ma hutte ;
Je mêlerai mon sang au sang des habitants ;
Moi, mes fils et les tiens nous unirons sans lutte
En fraternel faisceau nos fronts indépendants ;
Imitons la forêt dont les chênes robustes
Puisent au sol commun sans batailler entre eux :
Les racines jamais ne font les parts injustes,
Les cimes en chantant se baisent dans les cieux ! »

Mais nos aventuriers trouvaient des mers dociles,
Des fleuves roulant l'or à crever les tamis,
Et, pour guider leurs pas, des peuples imbéciles

Qui leur tendaient la main comme à des dieux amis.
A la terre nouvelle, apôtres d'infamie,
Ils ont communiqué le ferment des méchants,
Et l'on vit se ruer sur la vierge endormie
Les soudards du vieux monde et ses roués marchands.
Ah! depuis trois cents ans ils l'ont bien réveillée!
Quel bruit de pas humains! quelle ardeur! quels travaux!
Sur la Cybèle jeune et de fleurs habillée
Qu'ils ont passé de fois leurs ignobles niveaux!
A quoi bon, tristes gens, vos ports et vos boutiques,
Si vous traînez au flanc le principe du mal,
Et si le vieux démon des fureurs politiques
Vous emporte avec nous dans son cercle fatal?
Ce cercle est tout tracé par notre antique histoire :
A ton tour, peuple fier, tu salueras César,
A ton tour tu verras au seuil de ton prétoire
La tache de ton sang, la marque de son char:
Tu verras quelque fils des empereurs du Tibre
Porter un monde au bout de son sceptre insolent,
Pareil au bateleur qui tient en équilibre
Sur la pointe d'un glaive un disque chancelant!
Tu connaîtras aussi les gloires, les conquêtes,
Et les sanglots perdus dans le bruit des tambours,
Le triomphe et le deuil, la panique et les fêtes,

Après les jours brillants l'horreur des mauvais jours.
Tu briseras tes lois, tu les voudras refaire,
Et, jouet éternel de tes ambitieux,
Quand l'un te voudra vendre un flambeau qui t'éclaire
L'autre te montera le bâillon jusqu'aux yeux.
A la féroce épée, à la toge hypocrite,
Mendiant tour à tour des chartes pour tes droits,
Tu feras comme nous, ton histoire est écrite :
Flux et reflux sans fin de l'anarchie aux rois

Ta fortune est vulgaire et nous la croyions belle,
O terre de Colomb! et, quand la liberté,
A travers l'Océan volant à tire-d'aile,
Vint jeter dans tes bras son corps ensanglanté
Nous la croyions ravie aux soufflets de la guerre,
Et notre amour jaloux l'accompagnait là-bas.
O terre de Colomb! ta fortune est vulgaire ;
Nous te croyions bénie, et tu ne l'étais pas.

Enfin l'homme a partout tenté la mer profonde :
Il n'est plus d'Amérique où s'enfuir; les vaisseaux
Ont fait de leur sillage une ceinture au monde,
Et nous n'espérons plus dans l'infini des eaux :
Si loin que l'émigrant veuille pousser ses voiles,

Sa route le ramène en sa propre maison.

Nos yeux sont possesseurs de toutes les étoiles,

Mais nos pieds désormais se savent en prison.

Dans quels climats cachés le cœur sauvage et triste

Se pourra-t-il choisir un volontaire exil?

Il n'est plus de déserts, l'iniquité persiste :

S'il demeure un seul juste, où se sauvera-t-il?

Qu'il aille au nord, au sud, au couchant, à l'aurore,

Pour contempler en paix le ciel sévère et doux,

Il doit errer toujours de Sodome à Gomorrhe,

Les méchants lui crieront : « Cette place est à nous. »

Dans l'étroite limite où le sol les rassemble,

La force et le bon droit vont se heurter du front;

L'équateur les enserre et les confond ensemble,

Ces ennemis mortels corps à corps lutteront!

Jéhovah n'est plus craint, la vieille arche est brûlée,

Et nous ne demandons aucun déluge aux flots;

Sans allié divin, la justice acculée

Accepte vaillamment la bataille en champ clos.

LES VOLUPTÉS

I

O Voluptés, salut ! une longue injustice
Vous accuse d'emplir les enfers de damnés,
Fait sonner votre nom comme le nom du vice
Et ne l'inscrit jamais que sur des fronts fanés ;
Et nous vous bénissons, reines des jeunes hommes ;
Si nous rêvons un ciel, c'est en vous embrassant,
Et vous nous laissez purs, ennoblis que nous sommes
Par la complicité du cœur avec le sang !
Nos lèvres ne vont pas jusqu'à la beauté même,
Et le plus long regard ne nous peut apaiser,
Tant que la bouche et l'œil n'ont pas crié : « Je t'aime ! »
Et fait d'un sentiment le miel de leur baiser.

Stupide libertin, l'homme qui fait sa proie
D'un amour ingénu qu'il se rit d'offenser !
Les beaux corps sont pour lui des pourvoyeurs de joie,
Sans que jamais sentir le convie à penser.

La pudeur n'est pour lui qu'une ardente ceinture
Que le caprice attache et saura dénouer,
Car il ne comprend pas que l'austère Nature
La donne pour combattre et non pas pour jouer.

Ah ! s'il est quelque part des flammes éternelles,
Que ce brutal y tombe et s'instruise à pleurer !
Nous levons sur le beau de plus tendres prunelles,
L'art pensif a des yeux qui savent admirer !

II

Mais l'admiration n'est pas l'amour encore ;
L'homme tend vers le beau ses bras pour le saisir,
L'homme veut quelque prise à tout ce qu'il adore.
Et son avide main suit partout son désir.

Posséder la beauté, c'est, dans une caresse
Offerte, mais rendue avec un trouble égal,
Par la fête des sens exprimer la tendresse,
Par l'exquise tendresse honorer l'idéal !

Quand nous traînons, aux jours d'angoisses juvéniles,
Nos grandes soifs d'aimer, qui nous parlent en lois,
Sur le pavé cynique et sans pitié des villes,
Le cœur si misérable et si riche à la fois,

Nous nous rappelons tous une amante première :
Les doigts timidement aux siens entremêlés,
Nous rêvions avec elle en foulant la bruyère,
Sans pouvoir dire un mot, le sein, les yeux troublés ;

La bonté s'exhalait de la terre embaumée,
Tout semblait chaste, heureux, béni sur le chemin,
Comme si la vertu par notre bien-aimée
Pour nous conduire à Dieu nous avait pris la main.

Alors nous vous pleurons, ô petites amantes
Qui teniez sous vos cils le désir à genoux :
L'océan soulevé des ivresses brûlantes
Nous désaltère moins qu'une larme de vous ;

Si nous mêlons encore au plaisir la pensée,
C'est que nous évoquons nos vœux d'adolescents :
Offrir à l'âme l'âme aux lèvres condensée,
Voilà l'amour entier, rêve des cœurs puissants !

On dit que Raphaël, aimant la Fornarine
Assez pour désirer des nuits sans lendemains,
Laissa le souffle pur de sa jeune poitrine
Fuir sous l'oppression de plaisirs surhumains.

Il en mourut ! Eh bien ! ô vous que l'ennui ronge,
Vous dont l'or vigilant travaille la santé,
De quoi le plaignez-vous ? il meurt aux bras d'un songe,
Vous mourez sur l'écueil d'une réalité.

Oui, Raphaël usa sa fébrile énergie,
Mais jamais sur ce front par un ange habité
Les reflets infernaux de la stérile orgie
N'ont jeté leur rougeur ni leur lividité.

Quand sa bouche, en suivant la correcte figure,
En avait savouré les contours gracieux,
Quand il avait flatté la brune chevelure
Et balancé son cœur dans l'infini des yeux,

Quand il avait d'amour et peut-être d'envie
Sur une œuvre de Dieu fait battre son côté,
Surpris dans l'idéal un peu de l'autre vie
Et donné de la sienne au corps de la beauté,

Alors, pâle et divin, les yeux ombrés d'un voile,
Mais pleins des feux lointains au paradis puisés,
Il repoussait la femme et portait à la toile
La caresse de l'art, essence des baisers.

III

Hélas! découvrons-nous un seul plaisir au monde
Dont l'œil ne sorte pâle et le front abattu?
Laissons l'amour vénal et la débauche immonde,
Regardons la justice et l'art et la vertu.

L'homme ne peut goûter ni le vrai ni le juste,
Il ne peut pas s'unir à toute la beauté :
A penser l'idéal l'esprit le plus robuste
S'épuise, et qui le sent périt de volupté.

Le philosophe au loin voyait luire une flamme,
Et, fier, vers le mirage il s'est précipité ;
Mais l'espoir a trahi les ailes de son âme,
Au cœur de la substance il sent l'inanité.

Il ressemble au vaisseau sur des mers immobiles :
Les voiles sans appui tombent le long des mâts ;
Vainement la vigie a vu le bleu des îles,
L'abîme indifférent ne l'y portera pas.

Le soldat a posé son casque sur sa tête,
Le peuple l'accompagne, il est enfin parti,
Il s'est enfin jeté dans l'épaisse tempête !
Il chancelle d'un coup qu'il n'avait pas senti.

Le soir, se soulevant sur la plaine empourprée,
Il cherche, il voit là-bas les feux du camp vainqueur,
Il ne peut soutenir sa blessure altérée
Et tombe, avec la mort et la patrie au cœur.

Le poète tout bas récite son poème ;
Il en a bien souffert, s'il en a bien joui ;
Il connaît trop le prix des pauvres vers qu'il aime
Au socle de sa harpe il reste évanoui.

Mais la mère pardonne au fruit qui la déchire,
Elle oublie en ses flancs les poignantes chaleurs,
Et, le voyant si beau, trouve un premier sourire
Humide et pâle encor des dernières douleurs

Celui qu'en d'autres cieux la mélodie entraîne,
Quand sous un archet sûr qui flatte en pénétrant
Il fait contre son sein vivre en un cœur de frêne
Ce soupir étouffé, ce chant grêle et souffrant ;

Quand, de ce même archet, délicat tout à l'heure,
Fouettant soudain la corde, à ses fougueux appels
Il la fait sangloter comme un enfant qui pleure,
Et, folle, crier grâce à des baisers cruels !

Ne sent-il pas dans l'air se dissiper sa vie
Et par modes égaux, délicieux tourment !
Courir dans tous ses nerfs l'irritante harmonie
Qui l'épuise et le charme inexorablement ?

Le sculpteur, fasciné par le limon qu'il creuse,
Travaille seul, debout, comme étonné, sans voix ;
Son œil fixe et profond, sa main ferme et fiévreuse
Se portent de concert sur tout l'œuvre à la fois !

Car elle est là, Vénus! elle est là, toute nue.
Elle dort dans la terre, il va la réveiller;
Il ne l'invente pas, mais il l'a reconnue,
Et son pouce ne fait que la déshabiller!

Au moment où Vénus, comprenant qu'on l'appelle,
Du bloc indifférent sous les doigts curieux
Sort sa divine épaule et sa tête immortelle
Et cherche le sourire et le salut des dieux,

Croyez-vous que l'artiste, émerveillé lui-même,
Devant ce qu'il a fait immobile et transi,
Ne sente pas en lui de la beauté suprême
Un envahissement qui peut tuer aussi?

L'architecte hardi, père des Propylées,
En porte la figure et le poids sous son front,
Et les pierres demain, nobles et calculées,
D'un vol sublime et sûr pour le ciel partiront;

L'enceinte monte; enfin sur les hautes colonnes,
Tranquille et patient, il assoit le fronton,
Comme aux têtes des rois Dieu pose les couronnes,
Et sa grande âme unit Archimède à Platon.

Le peuple alors se presse autour du nouveau temple :
Il rend hommage à l'homme, à la muse, au compas,
Et l'artiste orgueilleux dans le ciel se contemple,
Car c'est lui que la foule admire de si bas.

Auprès des grands piliers, accoudé sur la base,
Il lève ses regards vers les vastes plafonds ;
Toute sa vanité s'abîme dans l'extase,
Il pleure, il peut mourir de ces plaisirs profonds.

Oui, l'homme qui, serrant sa pensée avec force,
La jette chaude encor dans un moule du beau,
Celui-là dépérit, et son humaine écorce
Se crispe et se consume au toucher du flambeau.

Arbitres de nos cœurs, de quel droit, à quel signe
Distinguez-vous la honte au front des voluptés ?
Laquelle est généreuse et laquelle est indigne
Quand le même infini séduit les volontés ?

Qu'il attire le beau sur des lèvres célestes
Pour dire avec le marbre ou le luth son bonheur,
Qu'il affronte un vil peuple ou des soldats funestes,
L'amant de l'idéal expire au champ d'honneur.

Mais, si par aventure il fallait que je fisse
Dans ces mortels plaisirs le plus généreux choix,
Je me voudrais sentir l'amour du sacrifice :
Les dévouements sont beaux et bénis à la fois!

J'aimerais mieux, plus grand sous des larmes viriles,
Pour prouver la vertu gravir un Golgotha,
Ou pour le droit sacré tomber aux Thermopyles,
Que de blêmir tremblant sur la Fornarina.

LA PAROLE

A Léon Chaillou.

Voix antiques des flots, de la terre et des airs,
Écroulements lointains qui suivent les éclairs,
Frisson du lourd blé jaune aux taches de pivoines,
Chuchotement léger des fuyantes avoines,
Clairon des ouragans, fracas des grandes eaux,
Respiration vague et molle des roseaux,
Élégie enchaînée au fond des sources creuses,
Lamentable soupir des forêts ténébreuses,
Taisez-vous ! Trop longtemps de crainte ou de langueur,
Par un accent humain vous troublâtes le cœur,
Vous mentiez, taisez-vous ! Il n'est qu'un souffle au mond
A qui la raison fière en se levant réponde :
C'est la parole, ô bruits, et vous n'enseignez rien.
Ah ! si l'on vit s'asseoir sur le tigre indien

Le vainqueur indolent au front chargé de treilles,
Les arbres s'incliner jusque dans les corbeilles,
Et les marbres, sortis des monts aux larges flancs,
Se ranger dans l'azur comme des palmiers blancs,
C'est qu'une voix savante accompagnait la lyre,
Et, des peuples domptant le primitif délire,
Par l'harmonie apprit à ces troupeaux humains
La féconde union des esprits et des mains,
L'ordre, ce lent bienfait des paisibles querelles,
Et l'art, ce jeu voulu des forces naturelles.

Les hommes se parlaient sans un langage appris :
La peine et le plaisir s'exhalaient dans les cris ;
La terreur bégayait des prières farouches ;
Le soupir échangeait les âmes sur les bouches ;
Dans le rire éclatait l'étonnement joyeux,
Et le discours trahi s'achevait dans les yeux ;
Peut-être au bord des eaux, seul et baissant la tête,
Quelque sauvage enfant qu'on eût nommé poète,
Las de son ignorance et plein d'un vague ennui,
Sollicitait les joncs à pleurer avec lui.
Mais quoi ! si la Nature a fait cette merveille
D'accorder les frissons du cœur et de l'oreille,
Quel art plus merveilleux, disciplinant le bruit,

L'a, pour les exprimer, de nos pensers instruit?
Quand l'invisible esprit d'une secousse forte
De sa prison de chair a-t-il forcé la porte?
Et quel étrange accord des lèvres et des fronts
Lui permit d'échanger des messages si prompts?
Qui sait comment, tirés de leurs sombres demeures,
Tous les pensers d'un peuple, ombres intérieures,
Fantômes fugitifs qu'on ne se peut montrer,
Dans des mots inconnus purent se rencontrer;
Comment l'esprit enfin, proclamant sa présence,
Put dire à son pareil avec de l'air : « Je pense »?
Ne se pourrait-il pas qu'au même lieu conduits,
Deux hommes tourmentés du silence des nuits,
Communiant déjà de leurs mains fraternelles,
Eussent ensemble aux cieux élevé leurs prunelles,
Qu'ils eussent embrassé les mondes infinis,
Puis, se sentant plus grands, d'intelligence unis
Et dignes d'obtenir le verbe en récompense,
Se fussent dit tout bas l'un à l'autre : « Je pense »?

Vous avez nommé l'âme, et vos noms sont perdus,
Vous à qui ces moments délicieux sont dus
Où, d'un ami comprise, une profonde idée
Par le concert des cœurs semble mieux possédée,

Où l'entretien fait poindre à l'intime horizon
L'évidence divine, aube de la raison!
Votre parole même a péri d'âge en âge;
Les mots se sont polis pour un moins fier langage,
Tels, devenus un fleuve aux pompeuses lenteurs,
Les torrents effacés sont plus loin des hauteurs.
Les vieux mots sont sacrés. L'enfant qui balbutie
En reçoit le dépôt dès qu'il reçoit la vie;
La vierge, qui les aime au refrain des chansons,
Du timbre de sa voix en rajeunit les sons;
Les récits des aïeux les rendent vénérables,
Et la loi les transmet redoutés dans ses tables.
Et ne sentez-vous pas que les mots sous la main
Naissent avec des traits comme un visage humain?
Ils font de la chaleur, du jour, comme la flamme,
Et l'air tressaille en eux des secousses de l'âme.

Jadis, dans les cités, mères des longs discours,
Les mots étaient les rois, ils y règnent toujours :
Toujours dans les rumeurs d'une vaste assemblée
Se dresse tout à coup l'Éloquence troublée.
Son bras lance une chaîne au peuple furieux;
Elle arrête sur lui la force de ses yeux,
Et son regard déjà fait redouter en elle

Tous les cris que sa bouche en silence amoncelle.
Un frisson court dans l'air, on écoute, elle dit,
Et le discours vibrant se déroule et grandit.
Comme le rameau plie au soupir du feuillage,
Son geste harmonieux rythme son beau langage,
Et, comme un vol d'oiseaux palpite au fond des bois,
Les ailes des pensers bruissent dans sa voix.
Un génie échappé de ses lèvres divines
Va secouer l'honneur dans toutes les poitrines :
L'héroïsme jaillit de l'unanimité !
Magnanime Éloquence, âme de la cité !
Quel peuple est terrassé, s'il peut ouïr encore
Sous la toge aux grands plis battre ton cœur sonore ?
Par ta bouche sacrés, les mots sont souverains ;
Quand bondit Mirabeau, lesquels sont le plus craints
Ou des mots ou des rois ? On dit que Démosthènes,
Haranguant la tempête avant d'instruire Athènes,
Les bras levés, front nu, les pieds dans le limon,
Marchait, sommant les flots qui disent toujours non ;
Et les flots verts jetaient, plus purs que nous ne sommes,
Des insultes de neige à l'orateur des hommes.
Mais, plus maître que lui, Mirabeau, c'est la mer.
Il sévit, océan fougueux, mobile, amer,
Dont la vague soulève et dont le gouffre attire,

Et le peuple emporté n'est plus que le navire.
Il l'agite, il lui montre un péril sans salut,
Le fait errer longtemps sans étoile et sans but,
Lui remplit tour à tour les yeux d'éclairs et d'ombre,
L'ébranle en le heurtant à des écueils sans nombre,
Et quand, pris de vertige, il a crié merci,
L'entraîne à voile pleine au port qu'il a choisi !
Mais un jour, quand, sauvés des tempêtes civiles,
Les hommes dans l'air libre élargiront les villes
Et des champs divisés aboliront les murs,
Paisibles et nombreux comme les épis mûrs
Où s'éveille sans cesse et meurt et recommence
Un grand hymne qui court dans un sourire immense;
Quand le bronze maudit, pourvoyeur des tombeaux,
Coulera, plus puissant, dans des moules plus beaux;
Que la vigne aux grains d'or pleins d'oublis et d'ivresses
Suspendra sa guirlande au front des forteresses,
O divine Éloquence, alors tu n'auras plus
Pour image la mer aux éternels reflux,
Tu prendras pour symbole une source féconde,
Un fleuve large et pur, le flot de la Gironde,
Qui, donnant son murmure aux lèvres qui l'ont bu,
Trempe au cœur des enfants l'amour et la vertu;
Et comme l'eau descend des cimes aux vallées

En charriant l'argile et les pierres salées,
Et, sans niveler l'herbe et les chênes entre eux,
Les baigne également d'un torrent savoureux,
Ainsi dans les cités, à travers les campagnes,
Tu répandras ce baume épanché des montagnes :

Heureux les simples cœurs, ils seront rois au ciel ;
Heureux les offensés qui s'éloignent sans fiel,
Car ils seront jugés par leur miséricorde ;
Heureux les fils de Dieu, les hommes de concorde ;
Heureux les désolés, ils vont lever le front ;
Heureux les altérés de justice, ils boiront ;
Heureux les purs, leurs yeux vont goûter la lumière ;
Heureux les doux, les doux posséderont la terre.

L'ART

A Gaston Paris.

PROLOGUE

Que je puisse à mon gré peupler un panthéon
Des plus grands immortels nés de la race humaine !
J'aime la grâce attique et la force romaine,
Je porterai Lucrèce à droite de Platon.

Ces hommes, l'âme haute et la tête baissée,
Scrutent d'un œil puissant deux infinis divers :
Lucrèce dans l'atome abîme l'univers,
Platon dans l'idéal abîme la pensée.

Mais je veux assigner au marbre de Hegel,
Dans mon temple étoilé, la coupole profonde;
Hegel a mesuré la croissance du monde
De son germe inquiet à son type éternel.

Désormais, fatigué d'interroger les choses,
L'esprit ferme les yeux et dit : Je concevrai.
Il n'est plus le miroir, mais l'artisan du vrai,
Il procède, et son pas marque le pas des causes;

De tous les changements il suit l'ordre et le flux
Dans la chaîne et le cours de ses propres idées,
Il y voit à leurs fins les essences guidées
S'échapper du néant pour ne s'arrêter plus.

Ainsi que la Babel, effrayante spirale
Qui d'assise en assise a conquis l'horizon,
Pour élargir sans fin le ciel de sa prison
Il dresse obstinément sa logique fatale;

Jalouse aussi de Dieu, cette orgueilleuse tour
Enfonce sans effroi son large pied dans l'ombre,
Puis au faîte hardi de ses marches sans nombre
S'épanouit enfin dans la beauté du jour!

1

L'IDÉAL

Contemplons de là-haut l'universelle vie,
Et, spectateurs de l'être, évoquons les vieux jours :
La terre impétueuse à sa route asservie,
Vapeur confuse, énorme, aux palpitants contours ;
Chaque atome irrité de ses secrètes chaînes ;
Des esprits échappés les mutuels assauts ;
Le pêle-mêle ardent des amours et des haines,
Dans un tonnerre immense aux lumineux sursauts.
L'ordre insensiblement sort de l'antique lutte ;
Une eau lourde et sans bords roule de noirs glaçons,
Le porphyre s'assied, les sables font leur chute,
Un air sombre et rapide ébauche les saisons.
La ligne harmonieuse annonce la pensée :
Salut à la beauté dans le premier cristal !
Avec le rocher brut à peine commencée,
La forme s'accomplit de l'herbe à l'animal ;

Et voici l'homme enfin ! La Nature s'apaise,
Elle a pour cette fête achevé ses apprêts ;
Du cratère qui brûle à la bouche qui baise
Elle a fait l'étonnant et douloureux progrès.

Et nous ne savons pas si le peuple des sphères
Ne nous prépare point d'indicibles printemps ;
Si, dans l'immensité, de vives atmosphères
N'attendent point en nous leurs premiers habitants.
Vous nous le promettez, ô filles de la terre,
Vos yeux parlent assez d'un voyage infini !
Ce monde inférieur, loin d'errer solitaire,
A des mondes plus beaux est sûrement uni :
Il l'est par le soleil, il l'est par son poids même,
Il attire le ciel, il en est attiré ;
Sirius embrasé me regarde, et je l'aime !
Attends un jour ! je meurs ! la vie est un degré :
J'étais aux premiers temps, car j'ai ma part de l'être,
Si l'être est éternel, j'en suis contemporain ;
Mais j'étais comme on dort, sans jouir ni connaître,
Et mon réveil fut lent ; puis, obscur pèlerin,
J'ai gravi vers l'azur et je m'y porte encore,
Et pour d'autres objets j'espère un sens nouveau ;
J'accomplis ton vieux rêve, ô sage Pythagore,

De climats en climats j'allège mon manteau;
Et quand l'air sera bon je jetterai le voile,
Je serai libre enfin, libre en un corps parfait,
Parvenu du chaos à la suprême étoile,
Dans la joie et l'horreur du pas que j'aurai fait!
Telle est la loi du monde. Une vertu l'obsède
Et l'emporte à son but; chaque enfant de la nuit,
Laissant plus bas que soi l'échelon qui précède,
Lève plus haut son front vers l'échelon qui suit.
Lucrèce mêle en vain les éléments nubiles,
Il n'en fera jaillir ni le bien ni le mal;
Platon, l'adorateur des types immobiles,
Ne sent pas aspirer la vie à l'idéal.
Non! l'idéal n'est point une immuable idole
Assise dans l'ennui des stériles sommets;
Il n'est pas le ciel mort, mais l'aigle qui s'envole,
Poursuit sa propre force et ne l'atteint jamais;
Qui, destructeur zélé de sa coque de pierre,
Formé dans un chaos de ronce et de granit,
Se jette éperdument dans la haute lumière
En secouant la cendre et le sommeil du nid!

II

L'ART

Si le monde en travail incessamment s'achève
Et pousse au but qu'il sait la meute des hasards,
Ce qu'on voit n'est qu'ébauche, et le vrai, c'est le rêve
C'est le monde réel, mais fini par les arts.

Sa beauté de demain, l'artiste la devine,
Dans la scorie épaisse il a pressenti l'or,
Et, plus impatient que la force divine,
Son génie a créé ce qu'elle essaye encor.

S'il n'avait rien conçu d'une plus grande vie,
O Vénus de Milo, pourrions-nous t'admirer ?
Il a devancé l'heure où tu dois respirer
Pour des amants parfaits sur la terre accomplie.

Dans le marbre pesant qui n'a pas de regard
Il t'a donné la forme, avant que la Nature
Ait su de ta beauté tisser la fleur future
Promise au seul baiser de ceux qui naîtront tard.

Quand ceux-là fouilleront nos villes ruinées,
S'ils trouvent cette pierre étonnante, ils diront :
« Comment l'homme a-t-il vu de si loin sous son front
Les femmes d'aujourd'hui qui lors n'étaient pas nées ? »

C'est que le front de l'homme est fait pour contenir
Du mobile univers la figure et l'histoire,
Et, si les traits des morts vivent par la mémoire,
L'espoir prête la forme à la race à venir.

Oh ! la forme ! bienfait que l'âme ingrate oublie ;
Fermons les sens, quel vide et quel exil affreux !
L'âme ne peut s'unir à l'âme que par eux,
Chacune languirait proche et loin d'une amie.

Jamais nous ne pensons que le jour est un bien :
L'aveugle seul comprend que la lumière est bonne,
Que sans un rayon d'elle on ne connaît personne,
Que sans un rayon d'elle on ne possède rien ;

Celui qu'un invincible et lourd silence isole
Ne voit rire et passer que des spectres muets ;
Nos lèvres ont pour lui d'illisibles secrets,
Il n'entend pas chanter le cœur dans la parole.

L'âme a sa gamme intime et les sens ont la leur :
L'artiste sait toucher ces deux claviers ensemble
Et, par l'émotion du nerf profond qui tremble,
Exprime et fait vibrer la joie ou la douleur.

Seule, la volupté n'est qu'un trouble qui charme ;
Mais l'art l'enchaîne au cœur par un chaste unisson,
Et soudain la couleur, le contour et le son
Font éclore un sourire ou perler une larme.

Vénus, la fronde impie, en cassant tes deux bras,
Nous enseigna du moins comment il faut qu'on t'aime,
Et comment, pour sentir ta divinité même,
L'homme doit oublier que tu l'embrasseras.

III

Heureux qui les surprend, ces justes harmonies
Où vivent la pensée et la forme à la fois !
Heureux qui sait donner, en les tenant unies,
Ces deux ailes de l'art aux œuvres de ses doigts !

C'est pour avoir brisé ce concours salutaire,
Épousé la matière ou l'idéal tout seul,
Que l'art trouve sa tombe en étreignant la terre
Ou change par le froid sa tunique en linceul.
Notre idéal veut vivre, il lui faut la lumière,
La chaleur et le sang, il bat du pied le sol;
Mais, en la revêtant, il donne à la matière
Des plis majestueux que soulève son vol !
Quand sur les pieds étroits d'un vers lâche et sans flamme
Se traîne une grossière ou vaine passion,
Sentez-vous pas gronder au meilleur de votre âme
La colère du bien dans l'indignation?
Caprices vils ou creux! le goût se lève et crie
Contre des sentiments où plus rien n'est humain.
Dis-nous, ô Cicéron, père de la patrie,
Que le beau c'est l'honnête en langage romain !
Toi, Phidias, dont l'œil chérit l'hymen sublime
De la pierre sans tache avec l'infini bleu,
Et de qui, par instinct, le goût céleste imprime
A des frontons païens la face du vrai Dieu;
Et toi qui, le premier, célébras les batailles,
L'antique démêlé d'Ulysse avec les flots,
L'amitié gémissante autour des funérailles,
Et des ressentiments où tremblent des sanglots.

Vous tous, prodiguez-nous les leçons et l'exemple
Vous, les forts, dont l'esprit veut reposer toujours
Sur le couronnement solide et pur du temple,
Sur l'aile du poème ou le flot du discours !
Enseignez-nous encor le secret de vos lyres,
De vos mâles ciseaux, dont la naïveté
Nous fait toucher le vrai jusque dans leurs délires
Et jusque dans les dieux sentir l'humanité.
Transportez-nous encore où le bonheur commence,
Au seuil des paradis que nous promet la mort :
La foi dans l'idéal est la sainte démence
Qui fait de l'œuvre humaine un vertueux effort,
Elle est le goût suprême, et toute fantaisie
Se condamne à périr en lui faisant affront.
Le beau reste dans l'art ce qu'il est dans la vie!
A défaut des vieillards les jeunes le diront.
Ils chercheront du moins. Leur fierté répudie
Du doute irréfléchi le désespoir aisé ;
Ils sentent que le rire est une comédie,
Que la mélancolie est un cercueil usé ;
Le rêve dégoûté commence à leur déplaire,
L'action sans la foi ne les satisfait pas ;
Ils savent repousser d'un front chaste et colère
Ces deuils voluptueux des vaincus sans combats !

Ils traversent la terre et sa boue et ses ombres
D'un pied désormais sûr et d'un œil familier;
Du passé paternel ils foulent les décombres
Comme une poudre sainte au sol de l'atelier.
Quand de bons forgerons dans une forge noire
Fredonnent en lançant le marteau sur le fer,
Le passant qui les voit s'étonne; il ne peut croire
Qu'on puisse vivre un jour dans ce cruel enfer.
Mais eux, avec l'entrain de la force qui crée,
Affrontent la fumée et le four éclatant.
Le travail fait les cœurs; cette douleur sacrée
Donne un si mâle espoir qu'on la souffre en chantant !

ENCORE

Vous n'avez pas sondé tout l'Océan de l'âme,
O vous qui prétendez en dénombrer les flots!
Qui de vous de tout cœur a pu sentir la flamme
Et de toute poitrine écouter les sanglots?
Qui de vous a tâté tous les coins de l'abîme
Pour dire : « C'en est fait, l'homme nous est connu;
Nous savons sa douleur et sa pensée intime,
Et pour nous, les blasés, tout son être est à nu! »
Ah! ne vous flattez pas, il pourrait vous surprendre;
Le voile usé d'un cœur qui vous semble si vieux
Dans un déchirement pourrait vous faire entendre
Un accent inouï qui mouillerait vos yeux!
Et pourquoi voulez-vous que le dernier poète

Enfouisse avec lui la coupe avec le miel?
Si haut que dans l'azur il ait porté sa tête,
Il n'a pas visité tous les pays du ciel!
Le pinceau n'est trempé qu'aux sept couleurs du prisme,
Sept notes seulement composent le clavier,
Il suffit, pour surgir, d'un glaive à l'héroïsme,
Pour déplacer le monde il suffit d'un levier!
Faut-il plus au poète? et ses chants pour matière
N'ont-ils pas la science aux sévères beautés,
Toute l'histoire humaine et la nature entière?
Ah! ce thème éternel est riche en nouveautés.

L'art ressemble à la terre où les graines ardentes
Trouveront tous les ans du suc et des amours,
Où les moissons jamais ne sont plus abondantes
Qu'après qu'elle a subi les plus profonds labours.
Les lâches seuls ont peur d'une autre renommée,
Ils murmurent : « Assez » parce qu'ils n'osent pas.
Mais ceux pour qui la muse est une bien-aimée
Cherchent encor sa bouche et n'en sont jamais las.
Un dieu que tout poète en ses préludes nomme
Descendit parmi nous; salué par les bois
Il chantait; mais le dieu n'intimidait pas l'homme,
Et des pâtres mortels ont défié sa voix.

La crainte de faillir est une indigne excuse :
Si les maîtres sont forts on es peut approcher.
Et leur gloire après tout n'est pas une Méduse
Qui change la poitrine et la tête en rocher !
Au début de ses chants, de son luth qu'il accorde
Et qu'il n'attaque pas avec des doigts certains,
Le poète novice a fait jurer la corde ;
Mais il marie un jour son génie et ses mains,
Et dès lors il se fie au démon qui le pousse :
On lui dit que les cœurs sont fermés maintenant ;
Mais, comme il a senti la divine secousse,
Il enchaîne l'oreille à son verbe entraînant.
Les beaux vers sont si beaux ! La strophe cadencée
Par son rythme sonore et ses rigides lois
Donne un fier mouvement à l'auguste pensée ;
Elle est impérieuse et touchante à la fois.
D'un vers passionné dont l'harmonie est grande
Nul ne saurait braver l'irrésistible appel.
Une âme habite en lui, le soulève et le scande,
Et l'on sent qu'il respire et qu'il est immortel !
Oh ! si mes doigts jamais ne te rendent sensible,
Poème intérieur dont je suis consumé,
Tu chanteras en moi sur la lyre invisible
Que l'art suspend au cœur de ceux qui l'ont aimé.

Vaincu je me tairai, mais je pourrai sans blâme
Écouter doucement cette rumeur de flots,
Ce murmure infini que font les vers dans l'âme
Quand nous fermons l'oreille au timbre usé des mots.

L'AMBITION

Tu ne traîneras plus, rêveur mélancolique,
Deux talons paresseux sous un corps famélique :
Viens! je t'offre une plume et le coin d'un bureau,
Rien ne te manquera...

— Qu'au front un numéro.
Non! je n'écris jamais que mon cœur ne s'en mêle :
J'honore dans la plume un souvenir de l'aile,
Je ne la puis toucher sans un frémissement ;
Elle me fait penser plus haut, plus librement.
Contre la gloire en vain qu'un stoïque déclame,
Je ne pourrai jamais terrasser dans mon âme,

En lisant Marc-Aurèle, Épictète ou Zénon,
Le rebelle désir d'éterniser mon nom.
Ah! je voudrais l'inscrire en sculpture profonde
Sur la porte du Temps par où passe le monde,
Où chaque illustre main gravant un souvenir
Lègue au siècle nouveau celui qui va finir!
Je hais l'obscurité, je veux qu'on me renomme;
Quiconque a son pareil, celui-là n'est pas homme :
Il porte encore au front la marque du troupeau.
Je n'ai ni dieu prêché, ni maître, ni drapeau,
Je n'ai point de patrie autre part qu'en mon rêve;
Vos mœurs sont un niveau que mon dédain soulève,
Et, si je fais le bien, c'est une œuvre de moi
Que je dois à mon cœur et non pas à la loi.
La médiocrité comme un affront me pèse :
C'est un étroit pourpoint où je vis mal à l'aise;
Il me courbe les reins, je veux marcher debout,
Ma respiration le fait craquer partout!

— La foule est bien nombreuse, et bien courte la vie;
La route que tu suis, bien d'autres l'ont suivie,
Et bien peu sont debout; mesure tes rivaux!
Estime à leur génie, enfant, ce que tu vaux.

— Je les égalerai par l'âme ou par l'étude ;
La génuflexion n'est pas mon attitude,
Quand les regards sur moi ne tombent pas d'un dieu !

— L'avenir ait pitié de ton orgueil ! Adieu.

LA LUTTE

Ne sauras-tu jamais, misérable poète,
Vaincre la lâcheté du rêve et des amours,
Au vent du sort contraire accoutumer ta tête,
Comme tous les vivants lutter dans la tempête,
Ou te croiser les bras sans crier au secours ?

A droite, à gauche, vois ! sur la mer où nous sommes
Chacun risque sa voile et jette son appui ;
Nul ne sait d'où tu viens ni comment tu te nommes,
Frère ! ne cherche pas dans l'océan des hommes,
Comme un nageur tremblant, les épaules d'autrui ;

Et ne t'indigne pas de leur indifférence :
Hélas ! ils ont chacun leurs membres à nourrir ;
Chacun répond au cri de sa propre souffrance ;
Il n'est qu'un bien commun, la divine espérance,
Le reste est la curée : il faut mordre ou mourir.

Songe que l'homme est nu, la terre très avare,
Et fatal ce combat des fougueux appétits !
L'or n'est pas le doux lait que le sein nous prépare :
Le plus prompt s'en saisit, le plus fort s'en empare,
Il roule puissamment sous les ongles hardis.

Pendant que cette foule au grand marché s'écrase,
Tu n'entends ni sa voix ni le bruit de ses pas ;
Tu la laisses courir, et ton âme en extase,
Immobile et profonde, exhale comme un vase
Un parfum qui t'enivre et ne te soutient pas.

Allons, frère, debout ! s'il en est temps encore ;
Fais-toi ta pacotille, achète, et revends cher,
Crie avec les marchands dans le temple sonore :
La fortune se rit de l'homme qui l'implore,
Et l'homme qui s'en plaint fustige en vain la mer.

Si la vie à tes yeux ne vaut pas cette épreuve,
Je ne t'en puis blâmer, mais épouse ton sort;
Fais comme Ophélia : ceins ta tunique neuve,
Orne ton front, souris, et glisse au gré du fleuve
Vers Dieu, vers l'infini, dans l'oubli de la mort!

A ALFRED DE MUSSET

Poète ! aussi longtemps que marchera la terre
Dans le vide muet qui n'a pas d'horizon ;
Tant que l'homme, implorant un climat salutaire,
Sous la grêle et les vents traînera sa maison,
Nu, forcé d'inventer le pain, le fer, la flamme,
L'art de ne pas périr, ses lois et son bonheur ;
Qu'il frappera son front en y cherchant son âme,
Et sa poitrine obscure en y cherchant son cœur ;
Tant que, posant le pied dans le temple des causes,
Il rencontrera Dieu pour lui barrer le seuil ;
Qu'il verra, comme l'astre et l'onde et toutes choses,
Sur soi-même rouler l'ignorance et l'orgueil ;

Tant que l'air portera les oiseaux et la foudre,
Et les neiges d'hiver et les parfums d'été;
Que l'amour écrira des serments dans la poudre
En mariant la honte avec la volupté;
Tant que devra sévir le sort triste qui lie,
A toute heure et partout, avec de cuisants nœuds,
La raison à l'énigme, à l'épreuve la vie,
O poète, ton nom sera jeune et fameux!
Il n'est pas un amour, pas une plaie humaine,
Dont le feu sous ton doigt ne se sente irrité;
Avec force et plaisir ton vers plonge et promène
Au vif de la douleur la sensibilité;
Des abîmes du doute où le néant commence
Aux éternels sommets de l'espoir étoilé,
Il n'est pas de degré dans la pensée immense
Que n'ait franchi l'essor de ton génie ailé!
Mais tu n'as jamais su lui choisir sa demeure,
Rien ne t'a satisfait des enfers jusqu'aux cieux;
Le plus gai de tes vers couvre un ange qui pleure,
Le rire de ton masque est mouillé par tes yeux.
Ne pouvant ni chasser ni fixer l'espérance,
A moitié dans ce monde et dans l'autre à moitié,
Tu restes pour le bien dans une indifférence
Qui commande à la fois le blâme et la pitié.

Poëte amer et doux, tu nous donnes envie
D'arrêter dans nos bras nos travaux généreux,
D'exhaler en soupirs tout le feu de la vie,
De laisser s'arranger les citoyens entre eux,
De fuir dans les boudoirs leurs voix tumultueuses,
Et d'étendre nos corps pour faiblir de langueur
Dans le baume énervant des fleurs voluptueuses,
Dans les navrants plaisirs qui dissolvent le cœur.
Le monde autour de nous est plein d'un bruit de chaînes,
On dirait que ton sein n'en a rien entendu,
Car la cité pour toi ne vaut pas tant de peines ;
Toi qui la dis mauvaise, à qui donc t'en prends-tu ?
Oui, l'âge d'or est loin, mais il faut qu'on y tâche ;
Le bonheur est un fruit qu'on abat pour l'avoir ;
Si tu n'étais pas grand, je t'appellerais lâche,
Car je n'accepte pas le joug du désespoir!
Vois Spartacus qui songe, et, gonflant sa narine,
L'œil creux, voûtant son dos comme un lion traqué,
De son poing frémissant serre sur sa poitrine
Avec l'anneau rompu le droit revendiqué.
Et vois Léonidas : dans sa froideur hautaine
Il montre aux siens leur proie, et, près de les quitter,
Les convie aux enfers où, de la part d'Athène,
L'ombre d'Harmodius va les féliciter.

Ces hommes qui s'offraient pour le juste et l'honnête
Ont jugé que la vie est digne d'un emploi ;
Les brumes de l'Érèbe environnaient leur tête
Sans leur voiler le but, sans étonner leur foi !
Oui, leur foi ! tu souris et tu les plains, sceptique.
Leur foi, sache-le donc, c'était la dignité ;
Car telle est la grandeur de la morale antique :
S'allonger dans la tombe après avoir lutté !
Si leur philosophie est de froideur trempée,
Elle est bonne du moins pour apprendre à mourir.
Ils ne se laissaient choir qu'au-devant d'une épée ;
Ils ont même voulu ne pas daigner souffrir.
Cependant vois leurs maux : les lois mêmes hostiles,
Les guerres corps à corps, de sûreté jamais,
Les besoins, et la nuit sur les secrets utiles,
Et, pour céleste appui, des dieux qu'ils avaient faits.
Et toi, dernier venu dans le lieu de la terre
Où la sainte justice a vu son grain germer,
Où le plus grand esprit n'est jamais solitaire,
Ni le cœur le plus pur sans vierge pour aimer ;
Toi qui naissais à point dans la crise où nous sommes,
Ni trop tôt pour savoir, ni, pour chanter, trop tard,
Pouvant poser partout sur les œuvres des hommes
Ton étude et ton goût, deux abeilles de l'art ;

Toi dont la Muse vive, élégante et sensée,
Reine de la jeunesse, en a dû soutenir
Comme un sacré dépôt l'amour et la pensée,
Tu te plains de la vie et ris de l'avenir !
Je n'entends pas, hélas ! d'une indiscrète sonde
Interroger tes jours : tes pauvres jours ont fui !
Ton âme, perle éteinte aux profondeurs de l'onde,
A descendu longtemps le gouffre de l'ennui.
Je n'imiterai pas ces tourmenteurs des ombres
Qui fouillent un passé comme on force un tombeau,
Je sais trop qu'en moi-même il est des recoins sombres
Que fuit ma conscience en voilant son flambeau !
Non ! mais je cherche en toi cette force qui fonde,
Cette mâle constance, exempte du dégoût,
Posant l'homme en vainqueur sur la face d'un monde
Qu'il a dû corriger pour y rester debout;
J'admire l'abandon, l'effrayante indigence
De cet être innocent dans les éthers jeté,
S'il porte dans son cœur, dans son intelligence,
L'ornement et l'abri de cette nudité;
Je reconnais assez, dans sa nature altière,
D'active liberté, de génie inventeur,
Pour que Dieu, lui livrant l'espace et la matière,
Ose lui déléguer les soins d'un créateur.

De là sa dignité, cette foi dans soi-même
Qui révèle à ce roi sa divine onction,
Et lui dit que son front convient au diadème,
Sa poitrine à l'amour, son bras à l'action !
Poète, oubliais-tu les bas-reliefs antiques
Racontant la naissance et le progrès des arts :
Le soc, le bœuf, la ruche et les essais rustiques
Faits par les jeunes gens sous les yeux des vieillards,
Partout, dans la campagne égale et spacieuse,
Les efforts du labour, les merveilles du fruit,
Et la rébellion farouche et gracieuse
Des premiers étalons que le dompteur instruit ;
Les sages, l'alphabet écrit dans la poussière,
La chasse aventureuse et l'aviron hardi,
Les murailles, les lois sur les livres de pierre,
Et l'airain belliqueux pour l'épaule arrondi ;
Les femmes dessinant les héros dans la trame,
Les artistes au marbre inculquant leurs frissons,
Et le berger poète, inventeur de la gamme,
Suspendant le soupir à la chaîne des sons ?
Il est beau, ce spectacle ! eh bien ! il dure encore !
La conquête a changé ; l'ambition non pas !
Nos pères tâtonnaient aux lueurs d'une aurore,
Mais le plein jour enfin se lève sur nos pas ;

Où rampait le sentier nous déployons la route ;
Ce qu'un aveugle instinct surprit et révéla,
Nous l'expliquons ! Le ciel n'est plus pour nous la voûte,
Mais l'infini ! Les dieux ? Nous renversons cela !
Le quadrige est vaincu, nous tenons un Génie
Qui fume, haletant d'un utile courroux,
Et, dans l'oppression d'une ardente agonie,
Attache au vol du temps l'homme pensif et doux.
La Vérité farouche en son repaire antique
Ne sait où reculer sous l'éclair qui la suit ;
Elle est traînée enfin sur la place publique,
Les yeux charmés du jour et honteux de la nuit.
La Liberté, qui pleure en comptant ses victimes,
Pareille à la Phryné, se voile encor le front ;
Ses vieux juges, pesant son âme avec ses crimes,
Par sa beauté vaincus, les lui pardonneront.
Pour nous décourager il fallait moins attendre :
La douleur en travail nous laisse voir son fruit.
On s'est trop bien battu, poète, pour se rendre ;
Nous planterions l'espoir sur l'univers détruit.
Et parce que ta sœur, la sensible Harmonie,
Voyant au fil du luth frémir tes larmes d'or,
Juge à des mots rêvés que la joie est finie
Et t'emporte avec elle en un suprême essor,

Crois-tu que l'Espérance à ta suite envolée
Parte en brisant les dés sur un si bel enjeu ?
Ah ! grand Dieu ! qu'en diraient Socrate et Galilée,
Tous les semeurs de verbe et les voleurs de feu ?
Auraient-ils ennobli nos arts de leur pensée,
Notre religion de leur pressentiment,
Et, portant tout le poids de l'œuvre commencée,
Légué tout le profit de son achèvement ?
Auraient-ils par la lutte et par la découverte
Fait la sécurité qu'on savoure aujourd'hui,
Pour que l'âme plus libre, allant mieux à sa perte,
Corrompît ses loisirs en innovant l'ennui ?
Les abris sont plus sûrs, les volontés meilleures,
On ne meurt plus de faim, mais on en souffre encor ;
Que l'amour et la paix sur toutes les demeures
Comme un soleil égal versent la joie et l'or !
Les hommes qu'étreignait leur misère sauvage
En se liguant contre elle ont pu s'en affranchir ;
Mais cette ligue engendre un nouvel esclavage,
C'est de leurs droits vendus qu'il faut les enrichir.
Tu ne l'as pas compris : ton vague et triste livre
Nous laisse plein de vœux et de regrets confus,
Il donne des désirs sans donner de quoi vivre,
Il mord l'âme et la chair ; je ne l'ouvrirai plus !

Je ne veux plus l'ouvrir ; mon maître est le poète
Amant de l'idéal, comme on l'est d'un drapeau
Pour la grande action qu'à son ombre on a faite,
Qui pose un ferme corps sous la robe du beau,
Qui, ne mesurant pas à l'arpent la patrie,
La reconnaît partout dans tous les droits humains,
Et, comme bienfaitrice honorant l'industrie,
Veille au salut du cœur dans ce progrès des mains.
Si je me suis trompé, si la nature entière,
Depuis les astres morts jusqu'aux mondes vivants,
Au souffle des hasards, sans but et sans carrière,
S'envole n'importe où comme la graine aux vents ;
Si les gazons d'avril ne sont que les complices
D'un instinct décevant que je nomme l'amour ;
Si je dois redouter d'ingénieux supplices
Dans tous les sentiments qui font chérir le jour,
Alors j'embrasserai ta muse abandonnée,
Je lui vendrai mon cœur pour ses douces leçons,
Et je m'endormirai, la tête couronnée,
Soupirant l'élégie et les molles chansons ;
Je dirai qu'il vaut mieux que toute fin soit prompte,
Que la peine est le mal et le plaisir le bien,
Qu'il n'est pas de linceul, pour assoupir la honte
Et bercer la douleur, plus charmant que le tien.

Mais je n'en suis pas là; j'ai connu la souffrance,
Et le lutteur n'a mis dans l'herbe qu'un genou;
Il se dresse, il respire, il est fort d'espérance,
Et tu n'es qu'un malade ou je ne suis qu'un fou.

JE ME CROYAIS POÈTE

A Louis Bertrand.

Je me croyais poète et j'ai pu me méprendre,
D'autres ont fait la lyre et je subis leur loi ;
Mais si mon âme est juste, impétueuse et tendre,
    Qui le sait mieux que moi ?

Oui, je suis mal servi par des cordes nouvelles
Qui ne vibrent jamais au rhythme de mon cœur ;
Mon rêve de sa lutte avec les mots rebelles
    Ne sort jamais vainqueur !

Mais quoi ! le statuaire, au moment où l'argile
Refuse au sentiment le contour désiré,
Parce qu'il trouve alors une fange indocile
    Est-il moins inspiré ?

Si mon dessein secret demeure obscur aux hommes
A cause de l'outil qui tremble dans ma main,
Dieu, qui sans interprète aperçoit qui nous sommes,
  Juge l'œuvre en mon sein.

Quand j'ai changé mon âme en un bruit pour l'oreille,
Les hommes ont-ils vu ma joie et ma douleur?
Ils n'ont qu'un mot : l'amour, expression pareille
  De mon trouble et du leur.

Heureux qui de son cœur voit l'image apparaître
Au flot d'un verbe pur comme en un ruisseau clair;
Et peut manifester comment frémit son être
  En faisant frémir l'air!

Hélas! A mes pensers le signe se dérobe,
Mon âme a plus d'élan que mon cri n'a d'essor,
Je sens que je suis riche, et ma sordide robe
  Cache aux yeux mon trésor.

L'airain sans l'effigie est un bien illusoire,
Et j'en porte un lingot qu'il faudrait monnayer;
J'ai de ce fort métal dont s'achète la gloire,
  Et ne la puis payer.

La gloire ! oh ! surnager sur cette immense houle
Qui, dans son flux hautain noyant les noms obscurs,
Des brumes du passé se précipite et roule
      Aux horizons futurs !

Voir mon œuvre flotter sur cette mer humaine,
D'un bout du monde à l'autre et par delà ma mort,
Comme un fier pavillon que la vague ramène
      Seul, mais vainqueur, au port !

Ce rêve ambitieux remplira ma jeunesse,
Mais, si l'air ne s'est point de ma vie animé,
Que dans un autre cœur mon poème renaisse,
      Qu'il vibre et soit aimé !

TABLE

TABLE

A Léon Bernard-Derosne. 1
Au Lecteur 3

STANCES

LA VIE INTÉRIEURE

Printemps oublié 9
Les Chaînes 11
Le Vase brisé 13
L'Habitude 15
Rosées 17
Renaissance 19
L'Imagination 21
A L'Hirondelle 23

Les Berceaux.	25
Comme Alors.	27
La Mémoire	29
Ici-bas.	34
Pensée perdue	35
Un Songe	37
Intus.	40
Les Yeux.	42
Le Monde des Ames.	44
L'Idéal.	46
La Poésie	47
L'Ame.	50
La Forme	52
La Malade	55

JEUNES FILLES

A ma Sœur.	59
Le meilleur Moment des Amours	61
Un Sérail	63
Ma Fiancée.	65
Séparation	69
Les Adieux.	71
Je ne dois plus	77
Ressemblance.	79
Il y a longtemps	81
Jours lointains	82
En deuil.	84
Sonnet.	86
Fleur sans Soleil.	87
Consolation.	90
Mal ensevelie.	93
Qui peut dire.	94

FEMMES

La Femme	99
La Puberté	102
Inconstance	103
L'Abîme	104
Si j'étais Dieu...	106
Devant un Portrait	107
Les voici	108
Jalousie	110
Si je pouvais...	112
Sonnet	114
Sonnet	115
Sonnet	116
Seul	117
Les Vénus	119
Sonnet	122
Inconscience	123
Rencontre	125
Hermaphrodite	126
Plus tard	128

MÉLANGES

Le Lever du Soleil	133
La Chanson de l'Air	136
Pan	138
Naissance de Vénus	140
Pluie	142
Soleil	144
Silène	146
Les Oiseaux	149

Les Fleurs	151
A Douarnenez en Bretagne	154
Chanson de Mer	156
Une Aurore	158
La Falaise	160
L'Océan	161
La Pointe du Raz	163
Le long du Quai	165
La Néréide	166
Les Ouvriers	171
Le Galop	174
Incantation	176
Le Travail	179
Mon Ciel	181
A un Trappiste	185
Sonnet	186
Le Passé	187
La Trace humaine	188
L'Ombre	190
Paysan	191
Au Bal de l'Opéra	193
Sursum	194
A un Désespéré	197
Indépendance	200
Sur un vieux Tableau	202
Toujours	207
En avant	209
Sésame	212

POÈMES

Le Joug	217
A la Nuit	224

Chœur Polonais.	231
Le Gué	237
Dans la Rue	240
Le Lion	246
L'Amérique	255
Les Voluptés	266
La Parole	276
L'Art	283
Encore	294
L'Ambition	298
La Lutte	301
A Alfred de Musset	304
Je me croyais Poëte...	314

Paris. — Imp. A. LEMERRE, 6, rue des Bergers.

3. — 5526.

www.ingramcontent.com/pod-product-compliance
Lightning Source LLC
Chambersburg PA
CBHW060413170426
43199CB00013B/2121